EEN SPOOR VAN TRANEN

Van Ouarda Saillo is eveneens verschenen

Dochter van Agadir

Ouarda Saillo

Een spoor van tranen

Mijn leven buiten Marokko

SIRENE

Oorspronkelijke titel *Die Spur der Tränen: Mein Leben in der Fremde*
Oorspronkelijke uitgave © 2008 Verlagsgruppe Lübbe GmbH & Co.
KG, Bergisch Gladbach
© 2009 Nederlandse vertaling Uitgeverij Sirene bv, Amsterdam
Vertaald door Katja Hunfeld
Omslagontwerp Mariska Cock
Auteursfoto voor- en achterzijde omslag en foto's binnenwerk
© Bethel Fath, Fotodesign, München
Stamboom Reinhard Borner, Hückeswagen
Eerste druk februari 2009
Alle rechten voorbehouden

www.sirene.nl

ISBN 978 90 5831 493 2
NUR 402

De door de auteur in het leven geroepen hulporganisatie voor de *petites bonnes*, slavinnetjes, vindt u op www.traenenmond.de

'O Allah, ik zoek mijn toevlucht bij u zodat ik niet verdwaal of word misleid, zodat ik niet zondig en daar ook niet door anderen toe verleid word, zodat ik anderen geen onrecht aandoe en anderen mij geen onrecht aandoen en zodat ik me niet dwaas gedraag tegen anderen of zij tegen mij. In de naam van Allah, ik heb vertrouwen in Allah. Er bestaat geen andere macht of kracht dan Allah.'*

Islamitische smeekbede (*doe'a*)** bij het verlaten van het huis

* Voor de vertaling van fragmenten uit de Koran is gebruik gemaakt van *De Heilige Qoor'aan* (Islam International Publications, Verba bv, Hoevelaken 2001)
**Achter in dit boek staat een overzicht van de gebruikte Arabische begrippen

INHOUD

Toen ik vier jaar geleden de kracht vond om mijn levensverhaal op papier te zetten, kon ik niet vermoeden wat voor gevolgen dat zou hebben.

Ik beschreef hoe mijn vader op 19 september 1979, toen ik vijf jaar oud was, mijn moeder vermoordde op het dak van ons huis in Agadir. Gedurende de jaren daarna woonden mijn broer, zusjes en ik bij familieleden. Daar leden we honger. Bovendien werden we vernederd, mishandeld en seksueel lastiggevallen. Zowel buren, vrienden als de verantwoordelijke instanties ondernamen niets. Vrouwen en kinderen telden in mijn land destijds niet. Pas toen ik negentien was lukte het mij de ellende en onderdrukking te ontvluchten. Ik trouwde met een Duitse man die mij meenam naar Europa.

Het boek dat ontstond uit mijn verhaal heet *Dochter van Agadir* en hielp mijn woede en verdriet over wat er met mij was gebeurd te verwerken. Maar de littekens op mijn ziel verdwenen niet. Ook al begrijp je waar de pijn vandaan komt die je uit je slaap houdt en die je hart verscheurt, dan is hij nog niet overwonnen.

Dochter van Agadir werd een bestseller in Duitsland, Nederland en vele andere Europese landen. Dat had ik niet verwacht. Ik was overrompeld door de enorme media-aandacht die ik kreeg.

Samen met mijn man, journalist en auteur Michael Kneissler, besloot ik het succes van het boek en de media-aandacht in te zetten voor de vele kinderen en jonge vrouwen in Marokko die nog steeds aan de rand van de maatschappij leven. Ik weet in wat voor situatie ze zich bevinden, omdat ik ooit in een vergelijkbare omgeving opgroeide, als slavin van mijn eigen familie, lastiggevallen door mijn eigen neven. In dit boek ga ik uitvoerig in op het lot van deze jonge vrouwen, meisjes en kinderen en op Oum el Banine (Moeder der kinderen), een organisatie die zich over hen ontfermt.

Met het geld dat ik met *Dochter van Agadir* heb verdiend, ondersteun ik Oum el Banine financieel, zodat men het goede werk dat er wordt gedaan kan voortzetten. Ik doe dat via mijn vereniging Tränenmond e.V., die speciaal hiervoor is opgericht en die in Duitsland als liefdadigheidsinstelling is erkend. Tränenmond e.V. ondersteunt ook een kinderopvangcentrum in Agadir (voor straatkinderen) en een school en kleuterschool in Igraar, een woestijndorp aan de rand van de Sahara. In het buurdorp van Igraar ben ik geboren.

Als u meer wilt weten over deze projecten, of als u ons wilt helpen, kijkt u dan op onze website: www.traenenmond.de.

Helaas kreeg ik door niet meer te zwijgen over mijn lot ook te maken met minder leuke reacties. Het is binnen de islam niet toegestaan om je negatief uit te laten over je eigen familie. Maar ik kon niet anders. Ik wilde een eerlijk verhaal vertellen. In mijn familie was iemand vermoord, ik werd lichamelijk en geestelijk mishandeld en vernederd en heb als klein kind al, samen met mijn broer en zusjes, moeten vechten om te overleven, vechten voor een beetje waardigheid.

In Marokko bestond hiervoor weinig begrip. Ik ben er trots op dat mijn zusjes achter me staan. Vooral mijn moedige en wijze zusje Asia is mijn belangrijkste bondgenote geworden. Asia is getrouwd, leidt een school in Agadir en is moeder van een prachtige zoon die Suleiman heet. Toch vindt ze ook nog de tijd en energie om zich in te zetten voor de belangen van Tränenmond e.V in Marokko. Alleen door haar hebben we al veel leed kunnen verzachten en zelfs mensenlevens gered.

In Duitsland heb ik moeten wennen aan de reactie van racisten en neonazi's, die weliswaar nooit tijdens lezingen recht in mijn gezicht durfden te zeggen wat ze van me vonden, maar wel op internet op vreselijke wijze tegen me tekeergingen. Vooral na lezingen in Duitsland doken er in chatrooms en forums dingen op als: 'Jammer dat de benzine zo duur is. Zoveel geld heb ik er niet voor over om die zwarte teef in de hens te zetten.'

Het is niet prettig om zulke dingen te lezen, maar ik word er niet echt door geraakt. Ik veracht dit soort mensen. Wat me wel raakte was de vijandigheid van moslims in Duitsland, door wie ik telefonisch werd bedreigd. Hun intolerantie deed pijn. Ze zagen mijn boek als aanval op de Marokkaanse monarchie en de islam in het algemeen. Waarschijnlijk hebben ze mijn boek nooit gelezen.

Gelukkig overheersten de positieve brieven en mails uit heel Europa. Vooral de brieven uit Marokko raakten me diep. Vele briefschrijfsters hadden net zulke dingen meegemaakt als ik en begrepen waarom ik niet langer wilde zwijgen over de misstanden in ons land.

Ik ben trots op mijn vaderland, dat momenteel erg snel verandert. Het wordt steeds vrijer, rechtvaardiger en moderner. Onze jonge koning, Mohammed vi heeft, voor islamitische begrippen, de rechten van de vrouwen sterk verbeterd. Telkens als ik naar Marokko terugkeer ben ik verbaasd hoe zelfbewust en sterk mijn Marokkaanse zussen inmiddels zijn.

Ik wil in dit boek beschrijven hoe mijn persoonlijke levensweg verweven is met de ontwikkelingen die in Marokko gaande zijn. Ik moest af van mijn afhankelijke opstelling en mijn angsten om een plaats te kunnen veroveren in de moderne westerse wereld. Ook Marokko moet zich ontworstelen aan de ketenen van het verleden om de toekomst tegemoet te kunnen gaan.

De weg die ik moest gaan was niet eenvoudig voor me. Ik heb het alleen maar gered omdat mijn zoon Samuel me de kracht gaf nooit op te geven en omdat mijn man Michael achter me stond.

Ik voltooide mijn opleiding tot kleuterleidster en vond een baan. Nu heb ik de energie om de volgende stap te wagen en te beschrijven wat ik in Duitsland allemaal heb meegemaakt; waarom ik mijn toevlucht moest zoeken in een blijf-van-mijn-lijf-huis en hoe ik mijn weg terugvond naar dat fascinerende en unieke land tussen de woestijn, de bergen en de zee, dat mijn vaderland is en waar ik met heel mijn hart van houd.

Het verhaal dat ik te vertellen heb is pijnlijk, hard en wreed. Het is mijn levensverhaal, een verhaal dat me tot aan mijn grenzen bracht, maar waarin ik ook ben gegroeid. Er is dus geen reden om te klagen. Integendeel: er zijn honderden redenen om dankbaar te zijn.

Al-hamdoe li-ilahi, geloofd zij Allah.

DEEL I

München – Agadir

(17–24 DECEMBER 2001)

DE DOOD VAN MIJN VADER

Mijn vader stierf op 17 december 2001, 22 jaar nadat hij mijn moeder op het dak van ons huis in Agadir had vermoord. Hij stak haar neer, liet haar in het zand stikken en stak haar in brand. Hoe mijn vader stierf weet niemand. We weten alleen dat hij in Taroudant stierf, een pittoresk plaatsje aan de voet van de Anti-Atlas, en niet in Essaouira, aan de Atlantische Oceaan, waar hij zijn gevangenisstraf uitzat.

Ik was ver van hem vandaan toen hij stierf, heel erg ver. Ik was helemaal naar Europa gevlucht om wat mijn vader mij en mijn broer en zusjes had aangedaan. Mijn lijf had ik in veiligheid gebracht, maar mijn ziel was nog niet gered. Ik woonde al negen jaar in München. Ik was getrouwd geweest, gescheiden en ik had een kind. Ik was bijna 28 jaar en zat weer op school om kleuterjuf te worden. Het was, kortom, net of ik mijn donkere verleden achter me had gelaten. En toen ging de telefoon. Het was mijn zusje Asia, vanuit Marokko, met haar vertrouwde stem.

'Ouarda? Ouarda, ga even zitten.' Ik kreeg slappe knieën. 'Moge Allah ons genadig zijn,' zei Asia. Ik voelde mijn benen niet meer. Ik voelde helemaal niets meer, alleen maar pijn. Pijn die in mijn ingewanden woelde, pijn die mijn hart doorboorde, onverdraaglijke pijn.

Ik wist wat Asia ging zeggen, maar toen ze de woorden uitsprak ging ik onderuit. Ik trilde oncontroleerbaar met mijn hele lichaam.

'Ouarda, onze vader...' haar stem werd zacht, '...onze vader is dood.'

Wildvreemde mensen hesen me in een taxi naar huis, naar mijn man, naar mijn zoon. Ik hield van ze, maar ik kon even helemaal geen liefde voelen. Hoe kun je iets voelen als je jezelf niet meer voelt?

Ik wist dat dit moment mijn leven zou veranderen, net als toen het verbrande lijk van mijn moeder langs me werd gedragen en ik de hand van mijn zusje bijna fijnkneep, zo hard dat mijn botten er pijn van deden. De dood had me ingehaald, helemaal tot in Europa, en hij haalde alles overhoop: mijn zorgvuldig gekozen afstand, mijn gewaande veiligheid. Ik werd weer het kind dat ik was toen de dood mijn moeder stal. En het begon te zoemen in mijn hoofd, hetzelfde zoemen dat ik had gevoeld toen ik als kind met tranen in mijn ogen door Agadir zwierf. Maar dit keer bleven mijn ogen droog en het zoemen ging over in een dreunende stem waarvan mijn schedel bijna barstte: 'Ga naar huis! Ga naar huis! Ga naar huis!'

Ik had geen keuze. Ik moest Duitsland verlaten. Ik moest mijn man en kind achterlaten en de dood van mijn vader met eigen ogen aanschouwen. Ik moest naar huis en het gevecht aangaan met de pijn en het verdriet op de plek waar ze het ergst waren. Ik moest afscheid nemen van het leven waarin ik me had verscholen. Pas daarna kon ik met een nieuw leven beginnen. Zonder aarzeling ging ik op weg.

SCHADUWEN UIT HET VERLEDEN

De reis terug was zwaar. Er waren geen rechtstreekse vluchten naar Agadir; ik moest in Frankfurt, Parijs en in Casablanca overstappen. Stukje bij beetje naderde ik mijn vreselijke verleden.

Het landschap en de mensen om me heen veranderden. Of was ik veranderd? Het leek wel of de mensen me niet zagen. Niemand ging opzij in de lange gangen van de luchthaven. Aan de uitgang werd ik genegeerd. Ik leek wel onzichtbaar. En ik was zelf nauwelijks in staat de aandacht op me te vestigen. Ik had de kracht niet.

Op de luchthaven van Parijs zag ik mezelf in een spiegel op het toilet. Ik keek in een vreemd gezicht. Ik was zo bleek, doorzichtig bijna, en zo onvoorstelbaar verdrietig. De tranen sprongen me er spontaan van in de ogen. Later, in de rij aan de uitgang, bleef ik naar de grond kijken. Mijn gewonde ziel had zich teruggetrokken. De schaduwen van het verleden omhulden me.

Ik zag mijn vader voor me, bij onze laatste ontmoeting in de kantine van de gevangenis in Essaouira: zijn uitgemergelde lijf, zijn krachteloze blik, zijn tandeloze mond. Ik voelde zijn wanhopige omhelzing, die me niet troostte. Ik rook zijn slechte adem, die me niet stoorde. Ik rilde. Ik was verdrietig en woedend, omdat mijn vader was heengegaan zonder met mij te praten over wat er was gebeurd.

Vader was te vroeg gestorven. Hij had twintig jaar geleden mijn moeder van me weggenomen en nu ontnam hij me de kans om afscheid van hem te nemen. Ik had hem willen vergeven voor hij stierf. Ik had van hem willen houden. Wilde hem haten.

Ik had gewild dat hij me leerde kennen, dat hij me begreep. Ik wilde hem mijn verdriet laten zien, mijn woede en mijn eenzaamheid. Ik had maar één vader. En die had me opnieuw in de steek gelaten.

Opeens voelde ik een vreemde blik in mijn rug. Ik draaide me om en schrok. De ogen van mijn vader, maar bij een vreemde man. Ik staarde hem wezenloos aan en barstte in tranen uit. Mijn tranen en mijn verbijsterde gezicht joegen de man op de vlucht. Toen ik mijn tranen had weggeveegd was hij verdwenen.

Op weg naar Casablanca, met Europa achter ons, de Middellandse Zee onder ons en Afrika aan de horizon, was ik er ineens zeker van dat vader niet zonder boodschap, brief of een paar laatste woorden kon zijn heengegaan. Hij moest iets hebben gezegd waardoor ik rust zou krijgen. Dus belde ik in Casablanca Asia op.

'Heeft vader nog iets gezegd voor hij stierf? Heeft hij een boodschap voor ons achtergelaten?'

'Nee,' zei Asia en mijn hoop verdween als sneeuw voor de zon, 'geen boodschap. Vader heeft niets nagelaten, behalve de brieven die Rabiaa hem heeft geschreven. Ik kreeg er een hele stapel van toegestuurd.'

Het kostte me moeite mijn zusje te verstaan. Ik werd namelijk net omringd door een groep vrouwen en mannen die uit Mekka terug waren gekeerd. Eigenlijk was het niet de tijd van de hadj, de grote bedevaart, en plicht van elke moslim. De hadj vindt elk jaar plaats in de heilige twaalfde maand van het islamitische jaar, de *dhoel hijja*, en nu was het pas *sjawwal*, de tiende maand. Toch had deze groep de heiligdommen in Saoedi-Arabië bezocht. Een bedevaart die niet tijdens de heilige maand plaatsvindt, noemt men *oemrah*, een kleine bedevaart. Deze reis is vrijwillig, maar moet wel voldoen aan dezelfde strenge regels als de hadj. De mannen droegen dus lange baarden, zoals het hoort als een gelovige moslim op weg gaat naar het heiligste der heiligen. Nagels en haar mogen tijdens een bedevaart niet worden geknipt. Men is gehuld in doeken, want de zwarte steen, de kaäba, mag niet worden aanbeden in omzoomde kleding. De doeken waren net witte lakens. Ze leken op lijkgewaden.

Ik zat al twee uur tussen de hadji's, pelgrims, toen mijn vlucht van Royal Air Maroc naar Agadir eindelijk werd omgeroepen. Instappen bleek niet zo eenvoudig, want de oude mannen drongen voor. Dat waren ze gewend als ze een overvolle bus instapten in het dorp waar ze vandaan kwamen. Toen ik eindelijk het vliegtuig binnenkwam, ontstond er onrust in de businessclass. Kennelijk waren een paar oude mannetjes op de beste plaatsen gaan zitten, tot groot ongenoegen van wat zakenlui die druk met hun instapkaarten stonden te zwaaien. De stewardess moest ingrijpen. 'Hadji,' begon ze heel beleefd, want zo hoort het als je met een bedevaartganger uit Mekka spreekt, 'mag ik uw instapkaart even zien?'

'Dochter,' zei de hadji, 'ik ben een oude man en deze plek hier bevalt me prima. Ik heb geen instapkaart nodig. Moge Allah jou en deze vlucht beschermen.'

De stewardess wees naar een keurig in het pak geklede man. 'Hadji, het spijt me, maar deze heer heeft recht op deze zitplaats. Hij heeft ervoor betaald.'

'Dochter,' zei de oude man, 'zeg maar tegen die man met zijn mooie das dat hij vandaag zelf een stoel mag uitkiezen. Mijn botten doen pijn van de lange reis naar onze profeet. Ik kan niet meer opstaan vandaag. Allah is mijn getuige.'

Als hadji's in fladderende witte doeken Allah als getuige aanroepen krijgen stewardessen en stropdasdragers het zwaar. Er ontstond een enorm tumult in de businessclass van Royal Air Maroc. Iedereen droeg zijn steentje bij: elegante vrouwen gaven hun mening, kinderen begonnen te huilen, en ten slotte moest de piloot de cockpit uit komen om de gemoederen te sussen. 'We kunnen niet vertrekken als u hier blijft zitten, hadji,' zei de piloot.

'Ach, zoon!' riep de oude man. 'Heb vertrouwen in de Barmhartige. Hij zal ons veilig naar Agadir brengen.'

Uiteindelijk dropen de zakenlui af naar de goedkope plaatsen achter in het vliegtuig. De piloot ging terug de cockpit in en de triomfantelijke hadji's zakten gerieflijk achterover in hun luxestoelen.

Op zo'n moment voel ik me onmiddellijk weer thuis. Zo gaat het eraan toe in het chaotische en aandoenlijke land aan de Atlantische Oceaan dat ik jaren geleden heb verlaten. Er schoot me een bekende Marokkaanse mop over een Berber in een vliegtuig te binnen en voor het eerst sinds het bericht van de dood van mijn vader speelde er een glimlach om mijn lippen.

De mop gaat zo: Een Berber vliegt van Agadir naar Casablanca. Omdat hij bang is dat hij niet meekan, dringt hij voor. Hij komt als eerste het toestel binnen en gaat helemaal voorin zitten. De stewardess wijst hem erop dat zijn plaats eigenlijk in de laatste rij is. Maar daar wil de Berber niets van weten. Hij zwaait bezwerend met zijn vinger in het gezicht van de stewardess en zegt: 'Goeie truc, zuster. Maar ik trap er niet in. Daar ben ik te slim voor.'

De stewardess denkt even na en zegt dan: '*Sidi*, u bent inderdaad een wijs man. Maar de eerste rij in dit toestel vliegt niet naar Casablanca, die landt in Rabat.' Nog voor ze uitgesproken is, is de Berber al op weg naar de laatste rij...

De vlucht van Casablanca naar Agadir verliep verder zonder bijzonderheden, behalve dan dat Marokkanen zich niets aantrekken van wat er in het vliegtuig wordt omgeroepen: ze telefoneren gewoon door.

Een dik uur later vlogen we vlak langs de majestueuze *kashba* die hoog boven Agadir uittorent. Het was donker. De neonlichten op de bergflank begroetten het vliegtuig met het parool van mijn stad en mijn land: *Allah, Al Watan, Al Malik* – God, het land, de koning.

Even later landden we op Al Massira, de luchthaven van Agadir. Achter de poortjes wachtte Asia al, gekleed in een djellaba en een donkere hoofddoek. Ik vloog haar in de armen en we omhelsden elkaar zo stevig dat we bijna geen lucht meer kregen. Toen ze losliet zei ze: 'Fijn dat je er bent, zusje. Maar nu moeten we opschieten, want de rouwdienst is al begonnen.'

HUIS VAN DE DOOD

De straten van Agadir waren donker toen we het bescheiden huisje in de Rue el Ghazoua 23 bereikten, een huis dat voor mij staat voor dood en verdriet. Hier doodde mijn vader mijn moeder. Hier waren we door onze eigen familie vernederd, mishandeld en in de steek gelaten. Hier had ik voor mijn eer, mijn ongeschondenheid, mijn leven moeten vechten. Toen ik Marokko verliet, had ik bij mezelf gezworen dat ik nooit meer naar deze plek terug zou keren. En nu stond ik midden in de nacht voor dat vreselijke huis.

Het was het enige huis in de straat dat baadde in het licht. Uit de open ramen en deuren klonk het geroezemoes van de rouwenden. Ze werden overstemd door de *talba*, een groep mannen in witte djellaba's met capuchon die uit de Koran reciteerde en Allah smeekte:

'O Allah, vergeef de levenden en de doden, de aanwezigen en afwezigen, de jongeren en ouderen, mannen en vrouwen. O Allah, schenker van het leven, laat ons leven in de islam, en als u ons roept, laat ons sterven in het geloof. O Allah, weiger onze doden de beloning niet en beproef ons niet na onze dood.'

Tussen de gebeden en *soera's* riepen ze *Allah'oe akbar* – Allah is groot, waarna ze een volgend gezongen gebed inzetten.

Ik was als laatste kind van ons gezin in Agadir gearriveerd. Jamila, Jaber, Ouafa en Asia woonden in Agadir. Mijn oudere zus-

sen Rabiaa en Mouna-Rachida waren niet naar Marokko gekomen. Rabiaa, die in de Verenigde Arabische Emiraten woonde,
was hoogzwanger en met Mouna, die in België woonde, hadden
we nauwelijks nog contact.

De koele nachtwind droeg de geur van de zee naar onze straat
en dat bracht diep verborgen herinneringen terug. Hier was het
spoor van tranen ontstaan.

Voor ons huis stonden mensen. Ze rookten, stonden zachtjes
met elkaar te praten of gewoon te zwijgen. Toen onze auto stopte, kwam er een oude man uit de groep naar ons toe. Het was
oom Hassan, de broer van mijn vader, de man bij wie ik de ergste
jaren van mijn leven had doorgebracht. Hij woonde nog steeds
met zijn vrouw en zijn inmiddels volwassen kinderen in het huis
van mijn vader. Hij had alleen de begane grond vrijgemaakt
voor mijn broer Jaber, diens vrouw en kind en dat was eigenlijk
veel te weinig. Ze hadden er nauwelijks plek.

'Moge Allah je vader genadig zijn,' mompelde oom Hassan en
hij spreidde zijn armen uit.

Voor het eerst van mijn leven was ik niet meer bang voor deze
man. Het was alsof hij was verschrompeld. Hij had niets boos-
aardigs, niets autoritairs meer. Ik vond dat hij klein, zwak en zielig was. En ik kon zijn gebroken ziel voelen. Dit was de man die
ooit geprobeerd had mijn ziel te breken. Maar nu, op dit droevige ogenblik, was ik sterker dan hij.

Ik liet zijn omarming toe. Toen hoorde ik een geluid diep uit
zijn binnenste, een gekerm dat steeds sterker werd. Hij huilde. Je
kon de vreselijke pijn horen die hem met mij verbond. Ik voelde
zijn tranen op mijn wang. Daar stond ik, doodstil, de armen van
mijn oom om mij heen. Pas toen hij zo hard huilde dat hij het
gezang van de talba overstemde, nam ik hem ook in mijn armen.
Dat was wel even wennen, mijn oom zo dicht bij me, maar het
voelde goed. Dit korte ogenblik van rust en vrede te midden van
de rouwende gemeenschap die over de dood van mijn vader
weeklaagde, verenigde ons.

'Ga, dochter,' zei mijn oom. 'Ga naar binnen. Er wordt op je
gewacht.'

Asia week niet van mijn zijde. Hoewel ze jonger is dan ik, heb ik soms het gevoel dat ze meer innerlijke kracht heeft dan wij allemaal samen. Eigenlijk is zij het hoofd van de familie. Ze regelt alle administratieve rompslomp (en daar heb je in Marokko soms veel geduld, diplomatiek vermogen en energie voor nodig) en ze heeft altijd alles onder controle. Ze is inmiddels getrouwd met een busconducteur. Samen hebben ze een zoontje dat Suleiman heet. En alsof dat nog niet genoeg is, leidt ze ook nog een naaischool annex taleninstituut.

Asia's koosnaam voor mij is Tasuk'hit, dat 'neger' betekent in het Tashelhiyt, de Berbertaal van mijn moeder. Ik heb namelijk de donkerste huid bij ons in de familie. Ik noem Asia altijd Boebi, hond, omdat ze als straathond altijd op weg is om iets te ritselen en te regelen en om haar school draaiende te houden.

Nu voelde ik de krachtige hand van Asia op mijn bovenarm. 'Kom op, neger,' fluisterde ze in mijn oor, 'er tegenaan!'

De mannen waren allemaal samen beneden en reciteerden met de talba verzen uit de Koran. De vrouwen zaten allemaal boven. In de moskee en bij rouwdiensten eist de islam een strikte scheiding tussen de geslachten.

Ik liep door de gang met het mozaïek waar ik vroeger vaak huiswerk had zitten maken omdat we destijds alleen hier elektrisch licht hadden. De ruimte die ik vroeger zo groot had gevonden leek nu klein en benauwd. Aan het einde van de gang was een smalle trap naar boven. Op het dak was een patio. Daar zaten nu alle vrouwen, ook *khalti* Zaina, Hassans vrouw en mijn tante. Haar haat en afgunst jegens mij waren vroeger vreselijk geweest. Nu kwam ze op me af en zei poeslief: 'Hallo, Ouarda, fijn dat je er bent.' De uitdrukking op haar gezicht zei precies het tegenovergestelde. 'Ga toch zitten.'

Net als altijd deed ze alsof dit háár huis was en ik de gast. Maar het was niet haar huis. Dit was het huis van mijn vader, van mijn familie. Khalti Zaina en oom Hassan hadden het van ons gepikt. Ik voelde woede opkomen. Asia merkte het en verstevigde de greep om mijn arm. Ik moest me beheersen.

'Dank je,' zei ik kortaf. Toen ik klein was, had ik geweigerd mijn tante 'mama' te noemen. Nu, als volwassen vrouw, weigerde ik haar 'khalti' te noemen. Khalti betekent tante en is een eretitel. Als je iemand 'khalti' noemt, toon je respect. Daarom kon ik mijn tante niet 'khalti' noemen. Ik had geen respect voor haar.

Ik kreeg geen tijd om hier nog langer bij stil te staan, want nu kwam het ritueel waar ik echt een hekel aan had: ik moest alle aanwezige vrouwen begroeten. Het waren er vreselijk veel. En allemaal wilden ze me zoenen en door mij worden gezoend. Daar zaten ze, op kussens langs de muur, als kippen op een stok: tantes, nichten, buurvrouwen, kennissen, vriendinnen, kinderen en nog een hele hoop wildvreemde gezichten. En allemaal keken ze me vol verwachting aan.

Er zat niets anders op. Ik deed wat er van me verwacht werd. Het was zo'n absurde situatie dat ik het verdriet over de dood van mijn vader er even door vergat.

Het is niet zo eenvoudig in Marokko om op de juiste manier te zoenen. Het aantal kusjes en de intensiteit ervan bepalen de aard van de relatie met iemand en dat was in dit geval moeilijk voor mij, omdat ik me veel van de vrouwen niet kon herinneren. Dus liet ik me sturen, van omhelzing naar omhelzing. Ik hoorde de door tranen verstikte stemmen en ik voelde de kusjes aan mijn slapen, op mijn wangen, in mijn hals.

De buurvrouw die ons af en toe een stuk brood had toegestopt als wij vroeger honger hadden, kuste me. Mijn nichtje, de onderwijzeres, omhelsde me. De buurvrouw die mijn zusje Jamila had opgetild zodat ze kon zien hoe mijn moeder in vlammen opging, kuste me niet alleen, ze huilde ook nog in mijn oor. *Lala* Sahra, die zich over ons had ontfermd toen het lijk van mijn moeder werd weggereden, drukte mij aan haar geweldige boezem. En toen ze me allemaal hadden omarmd, gekust, beklaagd en met hun tranen natgemaakt, werd er gegeten.

Daarna baden de vrouwen:

'In naam van Allah, de Barmhartige, de Genadevolle, Allah, heb genade met deze weeskinderen die nu ook nog hun vader, die dit gezin zoveel leed heeft berokkend, hebben verloren. Houd beschermend de hand boven hun hoofden en zorg ervoor dat hun leven in de toekomst gevuld is met vreugde en eer. Moge de Barmhartige deze jonge vrouwen beschermen op hun moeilijke pad. Allah is groot. Amen.'

Het was erg ontroerend. Toch namen mijn zusjes en ik al snel afscheid. We reden naar Jamila's appartement in Dscheira, een buitenwijk in het zuidelijke deel van Agadir. Daar legden we een paar matrassen op de grond. We trokken onze nachthemden aan, kropen dicht tegen elkaar aan en kregen een hysterische lachbui. We lachten tot we niet meer konden. En daarna kletsten we. We hadden het over vader, die binnen 24 uur na zijn dood in Taroudant begraven was, zoals dat gebruikelijk is in de islam. Alleen Jaber en oom Hassan waren erbij geweest, toen het in witte doeken ingenaaide stoffelijk overschot van mijn vader werd neergelaten in de droge, stoffige aarde van de begraafplaats.

Wij hoopten dat iemand hem op zijn sterfbed had herinnerd aan de islamitische geloofsbekentenis die elke moslim moet uitspreken om in het paradijs te komen: er is maar één God en Mohammed is zijn profeet. En we hoopten dat iemand ervoor had gezorgd dat zijn gezicht richting Mekka lag toen hij de laatste woorden prevelde die elke moslim moet uitspreken voor hij sterft: *Ashadoe-ana la ilaha illallah* – ik getuig dat er geen God is behalve God. Maar we wisten niets over zijn dood. We weten nog steeds alleen maar dat hij wegens zijn diabetes naar het ziekenhuis van Taroudant was gebracht, waar hij geopereerd zou zijn.

We kletsten maar door, hoewel we allemaal doodmoe waren. Ik was aan het eind van mijn krachten. Toen vroeg ik de anderen: 'Wie van jullie kan vader vergeven, wie kan hem in vrede laten rusten?'

Ik was er nog niet klaar voor. Ouafa ook niet. Asia wilde nog geen antwoord geven. Alleen Jamila, mijn grote sterke zus die altijd het laatste woord had, vond ook nu de juiste woorden: 'Allah, heb genade met mijn vader. Ik laat hem gaan. Ik vergeef hem. Allah zal voor alles zorgen. *Insjallah*, als Allah het wil.'

Even later viel ik in een diepe, droomloze slaap.

Agadir ligt aan de mooiste kust ter wereld. Op het brede strand met de hoge goudkleurige duinen breken de machtigste golven van de Atlantische Oceaan. De reusachtige luxueuze hotelcomplexen aan het strand vallen in het niet bij de enorme duinen en eindeloze zandvlaktes die gedurende miljoenen jaren zijn ontstaan uit het samenspel van wind en water.

De zee heeft op mij altijd al een zeldzame fascinatie uitgeoefend. Op de dag na de rouwdienst moest ik ernaartoe. Ik koos de weg die ik als kind al zo vaak had afgelegd: langs de kleine huisjes in Talborjt, door het park met de armetierige grijze bomen, de brede straat over, tussen de hotels door. De zon stond zo helder aan de hemel als alleen mogelijk is in de winter en met elke stap werd de geur van de zee sterker.

Toen ik uit de schaduw van het laatste hotelcomplex voor de kust stapte, lag de oceaan voor me. Hij was zo blauw als de gewaden van de nomaden uit de woestijn. Zijn golven waren net zo onophoudelijk als de tijd en zijn wijdte zo oneindig als de hemel. Als kind was ik vaak zo ver als ik kon de oceaan in gezwommen, om bescherming te zoeken tegen het kwaad dat me aan land werd aangedaan. In het zoute water van de oceaan, dat mijn kleine lichaam droeg, voelde ik me veilig en vrij, ook al zette een vissersboot soms koers naar me en riepen de vissers: 'Heb je hulp nodig?'

Dan zweeg ik.

'Zullen we je uit het water halen en aan land brengen?'

Maar ik antwoordde niet. Ik wilde niet aan land worden gebracht. Ik wilde me overgeven aan de zee. Ik wilde alleen zijn en niemand zien. De vissers hadden het uiteindelijk altijd opgegeven en ik was door de golven aan land gespoeld.

Ik ging in de richting van het zomerpaleis van de koning omdat het daar rustiger was dan richting haven. Ik zocht een ligstoel en ging zo zitten dat niets mijn zicht op zee hinderde. Net toen ik in gedachten verzonken weg zat te soezen klonk er een stem naast me.

'Zo gaat dat niet, zuster. Je hebt een kussen nodig. Dan is je leven meteen twee keer zo zacht en aangenaam.' Het was de strandstoelbeheerder, een door de zon geblakerde kerel met gel in z'n haar en blinkend witte tanden. Hij droeg een kussen over zijn schouder.

'Broeder,' zei ik, 'ik zou graag willen dat mijn leven voortaan twee keer zo aangenaam werd als tot nu toe. Denk je dat je matje daarbij kan helpen?'

De strandstoelbeheerder wist even niet of ik hem in de maling nam of dat ik zo vreemd sprak omdat ik lang in het buitenland had gewoond.

Toen grijnsde hij nog breder. 'Maar natuurlijk zuster. Mijn kussen maakt jouw leven makkelijker. En jouw twintig dirham maakt mijn leven makkelijker. Als we dus het kussen ruilen voor het geld, zijn we allemaal gelukkig.' Hij stak het geld in zijn zak en verdween zonder nog een woord te zeggen, wat mij aangenaam verraste. Normaal gesproken is het als vrouw alleen aan het strand niet zo eenvoudig om jonge kerels van je af te slaan, maar kennelijk voelde hij dat ik geen zin had in onbeduidende gesprekjes.

Ik weet niet of ik ben ingedut op het zachte kussen van de strandstoelbeheerder, maar toen ik opkeek stond de zon al laag aan de hemel. De uren ervoor had ik doorgebracht in een andere wereld. In gedachten was ik teruggekeerd naar mijn kinderjaren, de tijd dat ik nog een vader én een moeder had en wij op het eerste gezicht een heel normaal gezin waren. Het was een tijd waarin we nog niet beseften dat mijn vader al last had van donkere schaduwen die hem uiteindelijk waanzinnig maakten en hem ertoe dreven mijn moeder te vermoorden.

Vader was een *Saharoui*, een wilde stoere kerel uit de woestijn. Zijn volledige naam was Houssein Ben Mohammed Ben Abdallah, Houssein de zoon van Mohammed die weer de zoon van Abdallah is. Mijn vader repareerde radio's, televisies, typemachines en telefoons. De zaken liepen goed, tot hij steeds meer sigaretten ging draaien van het bittere hennepgras uit het noordelijke Rifgebergte.

Mijn moeder was elf jaar jonger dan mijn vader. Haar naam was Safia el Fakir. Ze kwam uit E-Dirh, een dorp aan de voet van de Anti-Atlas en ze was de dochter van een *sherifa*, een wijze heelmeesteres. Toen vader met moeder trouwde, was ze zeventien. Elf jaar later lag ze dood op het dak van ons huis. Ze stierf samen met het zevende kind in haar buik, het kind dat ze mijn vader had willen schenken.

Na de moord was vader naar de plek gelopen waar ik nu zat, naar zee. Tijdens een verhoor bij de politie zei hij dat hij urenlang had geprobeerd het bloed van zijn lichaam te schrobben met zout water. Was dat inderdaad zo, of had hij geprobeerd de schuld van zich af te wassen?

Dat was de vraag waar ik op mijn ligstoel over nadacht, maar ik vond er geen antwoord op. Ik had op vele vragen geen antwoord. Wie was de man die mij Ouarda-ti had genoemd, woestijnbloempje, en die mij mijn moeder had ontnomen, het liefste dat ik had? Wie was de man geweest, zo wijs en moedig, die niet had begrepen dat demonen bezit van hem hadden genomen? Ik kende hem niet. En nu hij dood was begreep ik dat hij altijd een vreemde in mijn leven was geweest. Hij had mij op zijn arm gehad zonder mijn ziel te raken. Ik had hem in de gevangenis opgezocht zonder dat ik nader tot hem was doorgedrongen. Hij had mijn hele leven bepaald, maar hij had zich nooit tegenover mij geopenbaard. Ik kende Houssein Ben Mohammed Ben Abdallah niet. Ik kende alleen zijn schaduw. Hij had mij niet de kans gegeven hem te begrijpen. En nu was het te laat. Hij had mijn moeder van me afgepikt en nu zichzelf. Hij was uit mijn wereld gestapt zonder iets uit te leggen, zonder afscheid te nemen.

De golven rolden het strand op en ik voelde in de oneindige wijdte van de oceaan de oneindige leegte in mijn ziel. De zon was nog maar half zichtbaar aan de horizon. De hemel boven de zee kleurde rood.

Iemand schraapte zijn keel en haalde me uit mijn overpeinzingen. Het was de strandstoelbeheerder. 'Zuster,' zei hij, 'ik ben blij dat mijn kussen je zo ontspant dat je niet meer op wilt staan, maar de avond valt en ik wil naar huis. Je mag hier best nog blijven liggen, maar dan zonder mijn kussen.'

Ik gaf hem snel zijn kussen terug en zei: '*Shokran* – dank je.' De strandstoelbeheerder kon niet weten dat ik hem niet voor het kussen bedankte maar voor het feit dat hij me uit mijn verleden had teruggehaald voor ik erin dreigde te verdrinken. Maar het leek alsof hij iets vermoedde.

'Geen dank,' zei hij, 'moge Allah je met zijn oneindige barmhartigheid en goedheid behoeden voor het kwaad dat onze ziel wil veroveren. Insjallah.'

'Amen,' zei ik. 'Ik kan je wens goed gebruiken.'

De strandstoelbeheerder liep weg met zijn kussen.

Toen de zon helemaal onder was gegaan en de kou van de nacht uit de bergen kwam opzetten, was ik alleen op het strand. Achter me straalden de lichten van de stad en voor me uitgestrekt lag de donkere zee. Maar dat stoorde me niet. Ik voelde me thuis op deze plek tussen twee werelden.

DEEL II

München

(1993–1996)

Het was 17 juli 1993 tegen de avond. Het toestel van Royal Air Maroc landde met een schok op het vliegveld van Frankfurt am Main. Ik hield me stijf vast aan de leuning van mijn stoel. Mijn hart klopte in mijn keel, van angst en vol verwachting. Over een paar minuten zou ik voor het eerst van mijn leven voet zetten in een vreemd land.

Vanaf mijn plek bij het raam zag ik de enorme stad met de imposante hoge gebouwen. Ik kon me bijna niet voorstellen dat er mensen achter de felverlichte ramen van die slanke betonnen lucifers woonden en werkten, zo dicht bij de hemel. Het enige hoge gebouw dat ik kende was een log blok cement in het centrum van Agadir waarin op de begane grond de grootste boekhandel van de stad huisde. Men had er een verzameling prachtige uitgaven van de koran, met gouden gravures, gebonden in leer. Ik was soms de winkel binnengeslopen om ze te bekijken en misschien aan te raken. Maar de strenge mannen in hun djellaba's die de boeken bewaakten, jaagden me elke keer al de winkel uit voor ik in de buurt kwam. Ze zagen het als hun plicht het heilige boek te beschermen tegen smerige kinderhandjes.

Vergeleken bij de gebouwen die ik nu zag, was het hoogste gebouw van Agadir – met maar tien verdiepingen – een lachertje. Maar als kind had ik het heel hoog gevonden en ik was soms stiekem met de lift tot aan het dak gegaan. Dan kon je zo mooi naar beneden kijken en alles was heel klein: de auto's, de mensen. Vroeger had ik me op het dak heel groot en machtig gevoeld. Leunend over de balustrade, turend naar de piepkleine mensen onder me, werd ik bijna duizelig van opwinding.

Toen het vliegtuig eindelijk tot stilstand kwam, bonkte mijn hartslag in mijn oren. Het klonk als de opzwepende Berbermuziek 's nachts tijdens feesten in de dorpen rond de woestijn. Ik duwde mijn neus tegen het raam en keek naar de drukte op het vliegveld. Vliegtuigen taxieden, daartussen reden auto's met knipperlichten en onder de dikke buiken van de vliegtuigen waren mensen als mieren aan het werk. De snelheid waarmee alles werd gedaan vond ik ongelooflijk en wat ik helemaal niet kon plaatsen was dat er niemand stond te niksen. Dat kende ik niet. In Marokko stond altijd wel iemand te luieren. Hier niet. In de ogenschijnlijke chaos zat kennelijk structuur en dat beviel me wel. In deze wereld, waarin zelfs de chaos zich aan de regels hield, zou het met mijn leven ook wel in orde komen.

'Het kan alleen maar beter worden,' fluisterde ik. Dat was mijn motto in die tijd: het kan alleen maar beter worden.

Ik voelde een hand op mijn schouder. 'Mevrouw, dit is onze eindbestemming. Zou u ook uit willen stappen? Of bevalt het u zo goed bij Royal Air Maroc dat u geen afscheid van ons kunt nemen?'

Het was de stewardess. Snel pakte ik mijn spullen bij elkaar. Ik rende achter de overige passagiers aan om de man te vinden die me had beloofd me naar de balie van Lufthansa te brengen. Ik moest een transfer maken naar München en zonder die man was ik verloren. Ik sprak geen woord Duits, was nog nooit in een vreemd land geweest en in mijn eentje verdwaalde ik in dat enorme luchthavengebouw.

De man stond al op me te wachten. 'Al-hamdoe li-ilahi – geloofd zij Allah,' zei ik.

'Ben je daar eindelijk?' zei de man. 'Ik heb niet eeuwig de tijd.' Hij passeerde de paspoortcontrole samen met mij. Een vriendelijke marechaussee in een lelijk beige en groen uniform keek me recht in mijn ogen en daarna nog een keer in mijn paspoort. Tja, dacht ik bij mezelf. Die vraagt zich ook af hoe het komt dat ik eruitzie als een dame hoewel ik pas negentien ben. Het lag vast aan mijn gloednieuwe bordeauxrode suède kostuum dat ik vlak voor vertrek van mijn toekomstige echtgenoot cadeau had gekregen. Ik had er moderne hoge hakken bij aan en voelde me weliswaar erg sexy, maar ik was ook als de dood dat ik zou struikelen. Een beetje tuttig, mijn outfit, maar ook erg Europees.

Een paar minuten geleden had ik mijn schoenen nog vervloekt toen ik voor het eerst van mijn leven een roltrap op moest. Dat kende ik niet. Ik was verbaasd hoe vanzelfsprekend andere mensen de snel rollende zilveren band op stapten. Daarna probeerde ik het ook. Natuurlijk zwikte ik toen de trede waar ik op stond opeens omhoogging. Maar ik had me zo professioneel aan de zwarte leuning vastgeklampt dat ik niet viel. Timide keek ik om me heen of mijn gestuntel onopgemerkt was gebleven en gelukkig was dat zo.

Ik werd moediger en ging nonchalant tegen de leuning van de trap hangen. Ik dacht dat een ervaren roltrapgebruiker dat wellicht zo deed, maar het was natuurlijk fout, want de zijwand van de roltrap beweegt niet mee. Mijn leren rokje bleef er als een gummetje aan plakken. Gelukkig bleef ik in evenwicht, maar mijn rok zat verkeerd om.

Aan het einde van de roltrap waagde ik een grote sprong om weer vaste grond onder mijn voeten te krijgen. Onopvallend trok ik mijn rok recht. Ik zweette, maar was trots dat ik dit avontuur met bravoure had doorstaan.

De vriendelijke marechaussee glimlachte, zei iets aardigs in het Duits dat ik niet verstond, stempelde mijn paspoort en gaf aan dat ik door kon lopen.

Een uur later zat ik in een vliegtuig van Lufthansa. Ik was tot nu toe pas drie keer met een vliegtuig van Royal Air Maroc gevlogen en was dus niet voorbereid op de luxe van een toestel van Lufthansa. Het was allemaal zo schoon en zo mooi dat ik bijna niets aan durfde te raken. De stoelen stonden zo ver uit elkaar dat mijn benen wel twee keer zo lang hadden kunnen zijn om nog voldoende beenruimte te hebben. De stewardessen waren niet zo knap als de dames van Royal Air Maroc, maar ze waren professioneler en vriendelijker. Hoewel ik van opwinding wel twintig keer vroeg of dit echt het vliegtuig naar München was, kreeg ik niet één keer een onvriendelijk antwoord. Een van de stewardessen bood me zelfs een flesje champagne aan. Ze hoopte waarschijnlijk dat ik er een beetje rustiger van zou worden. Natuurlijk sloeg ik het aanbod af; ik had nog nooit alcohol gedronken.

Ik voelde me op mijn gemak bij Lufthansa. Dat schone en professionele, dat hoorde allemaal bij mijn nieuwe leven, vond ik.

In München stond Walter, mijn verloofde, al op me te wachten. Hij omhelsde me.

'Welkom in het paradijs,' zei Walter.

Ik knuffelde zijn brede borst en wist dat het me was gelukt. Ik was aangekomen! Dit was de eerste minuut van mijn nieuwe leven. De eerste minuut in vrijheid. Het begin van het geluk.

Voor de aankomsthal stapten we in de mooiste auto ter wereld: een grote zwarte Mercedes met open dak, leren bekleding en een houten dashboard. De auto was van een vriend van Walter. We reden ermee naar de stad. Walter woonde tegenover een park op de negende verdieping van een flat. Vanaf zijn terras keek je uit op groen gras en prachtige bomen. Er klonk schitterende muziek uit de stereotoren. Walter zei dat het klassieke muziek was. Ik begon te huilen.

Walter was meer dan twee keer zo oud als ik, maar het leeftijds-
verschil wende snel. Omdat hij vaak naar Marokko ging, was hij
mooi bruin en door zijn vele bezoeken aan de fitnessstudio was
hij prima in vorm. Nog belangrijker was: ik hield van deze man.
Walter was erg gecultiveerd. Er stonden net zo veel boeken in
zijn appartement als in het boekhandeltje in dat belachelijk lage
flatje in Agadir en altijd als ik iets vroeg, had Walter er een antwoord op. Hij legde me de Tweede Wereldoorlog uit en dat Adolf
Hitler een misdadiger was. Ik was stomverbaasd. In Marokko
had ik geleerd dat Hitler een lovenswaardig staatsheer was geweest, omdat hij zoveel Joden had vermoord. In Marokko zijn
Joden niet erg geliefd. Men zegt dat de Joden de ergste vijanden
van de islam zijn en dat je ze daarom moet mijden als de pest. Als
je per ongeluk een Jood aanraakt, moet je Allah uitdrukkelijk
om vergiffenis vragen.

Door Walter leerde ik een andere wereld kennen, waarin verschillende religies op gelijke voet naast elkaar kunnen bestaan en
mensen met verschillende levensopvattingen tolerant met elkaar
kunnen omgaan. Dat vond ik fascinerend. Voor het eerst van
mijn leven begreep ik soera 109 *Al Kafirun*, De Ongelovigen, die
we als kind uit het hoofd moesten leren, op een positieve manier.

'In Naam van Allah de Barmhartige, de Genadevolle.
O, gij ongelovigen,
Ik bid niet aan wat gij aanbidt,
Gij bidt niet aan wat ik aanbid.

Noch wil ik aanbidden wat gij aanbidt.

Nogmaals: gij wilt niet aanbidden wat ik aanbid.

Derhalve voor u uw godsdienst en voor mij mijn godsdienst.'

In mijn Koranles was deze vers vroeger altijd heel negatief geïn-
terpreteerd, alsof ongelovigen mensen waren die verdoemd waren, vijanden van de islam. Nu, met mijn frisse kijk op een aantal
zaken, bleek dat de tekst helemaal geen aanleiding gaf om zo intolerant te zijn. En dat verraste me.

Ook wat alledaagse dingen betrof, moest ik veel leren.

'Is dat een prostituee?' fluisterde ik in Walters oor als we op
straat een jonge vrouw in minirok zonder bh in een doorzichtig
T-shirt voorbij zagen lopen.

'Nee,' fluisterde Walter dan terug, 'een studente denk ik.'

Ik kon het bijna niet geloven. Vrouwen in zulke uitdagende
kleren waren in Marokko altijd prostituees. Ik begon te begrijpen dat het leven in Duitsland niet altijd zo eenvoudig was als ik
had gedacht. Signalen die in Marokko maar één interpretatie
toelieten, waren hier veel genuanceerder. Als ik op straat bijvoorbeeld een donkerharige man met een donkere huid zag, begon ik meteen te glimlachen en riep ik vrolijk: *'Salaam aleikum!'*
omdat ik dacht dat de man een Arabier was. Ik was altijd erg teleurgesteld als ik dan geen antwoord kreeg. Waarop Walter op-
perde: 'Het is waarschijnlijk geen Arabier, maar een Turk, of een
Pakistaan.' Of hij zei: 'Ik denk dat hij uit Zuid-Amerika komt.' Ik
had nooit gedacht dat er zoveel mensen uit andere landen in
Duitsland zouden wonen.

Thuis luisterde Walter naar muziek die ik nog nooit had gehoord. Er waren platen met gejengel die hij kennelijk erg mooi
vond. 'Countrymuziek,' zei hij. Er was één liedje dat hij me vaker
liet horen. Het was van een zangeres die Alexandra heette. Ze
zong: 'Mein Freund der Baum ist tot. Er fiel im frühen Morgen-
rot.'

Ik verstond er geen woord van, maar ik vond de melodie heel mooi. Die klonk net zo verdrietig als ik me voelde op bepaalde momenten. Later, toen ik genoeg Duits kende om de tekst te kunnen verstaan, was ik niet meer zo onder de indruk. In Marokko zou geen hond op het idee komen om te huilen om een boom. Wij hebben andere problemen.

Walter organiseerde mijn nieuwe leven perfect. Hij had een notitieboekje voor me gemaakt met alle belangrijke namen en telefoonnummers, metroverbindingen, stadsplattegrondjes en de adressen van overheidsinstanties. Hij schreef me in bij een fitnessstudio en bij het Goethe-Institut. Hij kocht schriftjes, kleren en schoenen voor me. Voor het eerst in mijn leven had ik meer dan één paar schoenen en kon ik kiezen welke ik aan zou doen. Ik kreeg zelfs een eigen kast voor mijn spullen. Een eigen kast! Niemand die mijn lievelingskleren wegpakte, alles hing nog keurig op zijn plaats als ik terugkwam van weggeweest. Mijn tandenborstel kon ik gewoon in de badkamer laten staan. Wat een verschil met Marokko, waar ik altijd alles mee had moeten zeulen omdat het anders door mijn familieleden zou zijn gepikt. Ik voelde me net een prinses.

Walter kocht ook boeken: een kinderwoordenboek, een kinderatlas, woordenboeken. Hij zei dat ik me erdoorheen moest werken.

Ik vertrouwde Walter volledig. Hij nam me aan het handje en ik besloot hem overal te volgen, het maakte niet uit waarheen. Soms werd het me wel een beetje te veel, maar Walter duldde mijn tegensputteren niet. 'Ik wil dat je op eigen benen kunt staan, dat je zelfstandig bent als er iets met mij gebeurt,' zei hij.

'Wat zou er met je moeten gebeuren?' vroeg ik.

'Je weet maar nooit,' zei Walter.

Dat maakte me ongerust. Ik had helemaal niet het gevoel dat ik zelfstandig was. Ik was compleet afhankelijk van Walter. 's Avonds, voor het slapengaan, bad ik tot Allah dat er niets met Walter zou gebeuren.

De huwelijksvoltrekking voor de burgerlijke stand stond gepland op 22 september. De dag ervoor nam Walter me mee naar een notaris die een overeenkomst had voorbereid waarin stond dat ik geen recht had op alimentatie en dat we op huwelijkse voorwaarden zouden trouwen. Een tolk vertaalde alles in het Frans, maar ik snapte eigenlijk niet waar het over ging. In Marokko was het destijds volslagen normaal dat vrouwen na een scheiding niets kregen. Ze werden gewoon het huis uit gejaagd en dat was dat.

De trouwerij was niet erg romantisch. Ik droeg de hoge hakken uit Marokko, maar niet mijn bordeauxrode suède pakje. Walter had een zwarte minirok en een zomerse blazer met korte mouwen en een opzichtig bloemenmotief voor me gekocht. Hij had zichzelf getrakteerd op een beige pak dat hem prachtig stond, vooral omdat hij de bovenste drie knoopjes van zijn overhemd open had laten staan.

Walter had ook de getuigen georganiseerd: de vriend met de Mercedes met open dak, in een vuurrood jasje, en diens vriendin, een knappe blonde vrouw met gepermanent haar, een enkelkettinkje en een chic handtasje. Ik had een klein boeketje in mijn hand, maar kreeg geen ring van Walter.

Na de huwelijksceremonie reed de vriend ons met de open auto naar een duur restaurant en het was vast een prachtige dag geworden als ik geen carpaccio had gegeten. Ik had nog nooit carpaccio gegeten en moest er onmiddellijk van braken. Gelukkig kalmeerde mijn maag tegen de avond en kon ik naar mijn cursus Duits bij het Goethe-Institut.

De volgende dag gingen we met de huwelijksakte naar de IND (Immigratie- en Naturalisatiedienst) en kreeg ik een verblijfsvergunning voor drie jaar. Ik kon op dat moment niet weten dat mijn huwelijk niet eens zo lang stand zou houden.

DE ONTMAAGDING

Ik had Marokko als maagd verlaten, maar was me ervan bewust dat dit een toestand was die niet eeuwig voort zou duren. Omdat Walter alles regelde en organiseerde, was ik er zeker van dat hij ook in deze kwestie het voortouw zou nemen. Ik wist alleen nog niet hoe en wanneer. Wat mij betrof kon het meteen na de trouwerij op het gemeentehuis. Ik voelde me aan Walters zijde heel volwassen, mooi en sexy en ik was er meer dan klaar voor.

In Marokko gaat de ontmaagding gepaard met veel angstige vermoedens. Alle meisjes willen maagd blijven tot in de eerste huwelijksnacht, maar soms lukt dat alleen met een truc. Een vriendin in Agadir zei ooit dat er dokters bestaan die erin zijn gespecialiseerd een gescheurd maagdenvlies te herstellen. Er zou zelfs nepmaagdenvlies bestaan dat kon worden ingenaaid als het origineel beschadigd was. Daarop vertelde een andere vriendin heel stoer dat ze iemand kende die het heel anders voor elkaar kreeg. Omdat het ging om een vriendin van wie je alles kon verwachten, bijvoorbeeld de omgang met meisjes die excentrieke en onfatsoenlijke dingen deden, geloofden we het meteen.

'Hoe doet zij het dan?' vroegen wij, onzeker of we het wel echt wilden weten.

'O, ze doet het heel vaak en ze is nog steeds maagd.'

Wij stonden versteld. 'Hoe kan dat nou?'

'Denk toch eens na en doe niet zo dom!'

We snapten er niets van.

Het meisje met de ervaren vriendin hield ons nog even in

spanning en fluisterde daarna samenzweerderig: 'Ze doet het op de verboden manier, zoals het niet mag van de islam.'

We waren een moment lang sprakeloos van schrik, klopten onmiddellijk op hout en riepen: '*Allah yeh'fad!*' – God bewaar me! We hadden nooit gedacht dat de vriendin van onze vriendin zo ver zou durven gaan. Elke moslima weet dat anale seks en geslachtsgemeenschap tijdens de menstruatie streng verboden is.

De grootste stress voor elke Marokkaanse bruid ontstaat tijdens de huwelijksnacht, als het hele bruiloftsgezelschap zit te wachten op het met bloed bevlekte laken, ten teken van haar maagdelijkheid. Terwijl het bruidspaar na de vermoeiende feestelijkheden en het vele eten zijn best doet in de echtelijke sponde, ijsbeert de moeder van de bruid – en soms is ze niet alleen – voor de deur van de slaapkamer op en neer om te wachten op het bewijs.

Ik ben ooit aanwezig geweest bij zo'n drama. De moeder van de bruid draaide helemaal door omdat het bruidspaar al meer dan een uur met een prachtig wit bedlaken in de ontmaagdingskamer zat opgesloten en het bewijs kennelijk niet kon brengen. De vrouw bonsde op de deur en gilde: 'Allah, Barmhartige, heb genade! Willen jullie mijn reputatie voor eeuwig en altijd kapotmaken? Willen jullie dat de hele stad met mij spot? Willen jullie dat ik gek word? Waar heb ik dat aan verdiend? Ben ik geen goede moeder geweest?'

Terwijl ze zo tekeerging, krabde ze haar gezicht open. Haar kleinere kinderen hingen aan haar rokken en huilden. Ik werd verdrietig van het tafereel, want ik kende de bruid en ik wist dat ze een keurig meisje was. Als het met die bloedvlek op het laken niet lukte, moest er een andere reden zijn dan verloren maagdelijkheid. Misschien lag het aan de bruidegom.

Eindelijk ging de deur van de slaapkamer op een kier en gaf de jonge vrouw een dienblad met daarop het keurig gedrapeerde laken met een piepkleine bloedvlek aan haar moeder. Die sloeg om als een blad aan een boom en hief een ander soort gekrijs aan waardoor iedereen wist dat het goed was afgelopen.

De vader van de bruid nam het dienblad met het laken over en danste ermee onder luid applaus van de toeschouwers in het rond. Iedereen was opgelucht dat de bruiloft toch nog in naam van Allah goed was afgelopen en men naar huis kon.

Mijn ontmaagding was veel minder dramatisch. Als ik eerlijk ben, miste ik de opwinding uit Marokko wel een beetje. Ik miste vooral mijn moeder omdat er geen bruid in Marokko is die trouwt zonder haar moeder aan haar zijde en op het beslissende moment voor haar slaapkamerdeur. Maar toen dacht ik aan mijn tante, die mijn overleden moeder bij een officiële Marokkaanse bruiloft had moeten vervangen, en was ik blij dat ik ver weg was van die vreselijke vrouw. Ik wilde haar in geen geval de eer gunnen mij in een huwelijk te begeleiden. Ik wilde niet dat de hele familie en alle vrienden en kennissen haar voorhoofd zouden kussen, zoals men dat in Marokko doet als een moeder haar goed behoede dochter aan de toekomstige echtgenoot weggeeft. Deze vrouw had mij niet behoed. Integendeel, ze had me continu aan de grootste gevaren blootgesteld. Alleen mijn zusjes hadden gevochten voor mijn leven en mijn eer, niet mijn tante. Die was ons huis binnengekomen en had ons uit onze bedden gejaagd en ons als slavinnen behandeld.

Toen Walter mij ontmaagdde waren we alleen. Het was niet bijzonder romantisch. Ik denk dat het kwam omdat Walter net zo preuts was als ik. Wij gingen in de slaapkamer op bed liggen… en toen was het al gebeurd. Opeens voelde ik een kleine, ietwat teleurstellende steek en zette Walter zijn bril weer op.

'Je bloedt,' zei hij, nadat hij de plaats delict had bekeken. Hij leek verrast. Kennelijk had hij met ontmaagdingen net zo veel ervaring als ik.

Ik sprong op en rende de badkamer in. Ik pakte een witte handdoek en klemde die tussen mijn benen om het bloed op te vangen. Het was maar een bescheiden druppel. Toch overwoog ik een moment lang de handdoek met het volgende vliegtuig naar Agadir te sturen om iedereen te bewijzen dat ik als maagd het huwelijk met Walter in was gegaan. Maar uiteindelijk stopte ik de handdoek in de wasmachine en verdwenen de sporen van die nacht gedurende het hoofdwasprogramma.

DE VROUW VAN DE ELFDE VERDIEPING

Ik leerde bijna geen Duitsers kennen. De meisjes in de taalcursus aan de volksuniversiteit kwamen uit Italië, Tsjechië of Rusland en we kenden aanvankelijk zo weinig Duits dat gesprekken erg moeilijk op gang kwamen. Walter had weinig vrienden en de vrienden die hij had waren van zijn leeftijd. Hoewel me dat bij hem niet stoorde, vond ik zijn vrienden erg oubollig. Zelfs al had ik met ze kunnen praten, had ik niet geweten waarover. Bovendien had ik sterk de indruk dat men mij niet zo serieus nam.

Op een dag ontmoetten we een van Walters vrienden in de stad. De mannen begroetten elkaar. Daarna stelde Walter mij voor: 'Dit is mijn echtgenote. Raad eens hoe oud ze is?'

'Zeventien!' riep de vriend en hij begon samen met Walter te bulderen van het lachen.

Ik voelde me vreselijk. Het leek wel of ik werd gekeurd als een kameel op de markt in Guelmim.

Walter kwam uit Beieren. Hij had me verteld dat hij rentenier was en leefde van een grote erfenis die hij vooral in vastgoed had belegd. Ik wilde die huizen wel eens zien, maar Walter had altijd een excuus waarom dat op dat moment niet kon. Hij sprak ook niet graag over de tijd vóór de erfenis. Hij zei alleen dat dit een heel wilde fase in zijn leven was geweest. Ik had de indruk dat de vriend met de open auto en de blonde vrouw met het gepermanente haar, het enkelkettinkje en het chique handtasje uit die periode stamden.

Ik voelde dat er dingen in Walters verleden waren die hij me niet wilde vertellen. Hij behandelde me niet echt als een volwassene, meer als een groot kind. Ik had weliswaar een sleutel van Walters appartement, maar die had zijn ex-vriendin ook. Toen Walter er een keer een paar dagen niet was, kwam ze opeens binnen en had ik voor het eerst de indruk dat ik werd gecontroleerd.

In het begin viel het me niet zo op. Ik was blij dat er een man in mijn leven was die de vaderrol speelde. Walter zorgde voor me zoals mijn vader dat niet kon, nooit had gedaan. Hij zorgde ervoor dat mijn slechte gebit werd behandeld, haalde me uit Marokko, leerde me Duits, liet me München zien, leerde me van alles en nog wat en overhoorde me als een onderwijzer. Walter was mijn redder. Ik wende zo snel aan de vaderrol van Walter, dat ik 's avonds soms verbaasd was als hij opeens veranderde in mijn echtgenoot.

Het stoorde me niet, integendeel, ik had mijn seksualiteit net ontdekt en verzamelde begerig nieuwe ervaringen. Maar het is toch vreemd als de vaderfiguur van overdag bij het vallen van de nacht opeens verandert in een minnaar.

Een paar dagen na aankomst in Duitsland, leerde ik een Marokkaanse kennen. Ze kwam uit Marrakesh, waar de vrolijkste, luidruchtigste en meest zelfbewuste landgenoten vandaan komen. Ze verschillen van ons Berbers uit het zuiden net als Brabanders en Friezen van elkaar verschillen. Terwijl het ene volkje lacht, danst en zingt, probeert het andere zo onopvallend mogelijk te leven. Mensen uit Marrakesh dragen hun geld, sieraden en papieren bijvoorbeeld bij voorkeur in prachtig versierde tasjes op hun djellaba en pronken ermee. Dat zou een Berber nooit doen. Die draagt zijn eenvoudige tasje onder de djellaba – hoewel hij vaak meer bezit.

De Marrakeshje stond opeens naast me in de lift. Ik wilde naar Walters appartement, de vrouw woonde twee verdiepingen hoger.

'Hé, ben jij die andere Marokkaanse die in deze flat woont?' schalde ze in een vet Darijaans dialect.

'Ja,' antwoordde ik voorzichtig. Alle Berbers zijn op hun hoede als ze mensen uit Marrakesh leren kennen.

'Mijn God, zusterlief!' riep de vrouw. 'Wat ben jij een schatje! Hoe heet je?'

'Ik heet Ouarda.'

'De bloem! Wat een lieve naam. Woestijnbloem. Kom, geef me een knuffel.' En ze drukte me in de lift tegen zich aan. Ik begroef mijn neus in haar haar en rook thuis, vaderland, Marokko. In die houding was ik het liefst blijven staan, zo heerlijk rook thuis, maar de vrouw duwde me alweer van zich af. 'Kom, zusterlief, we moeten uitstappen, we zijn er.'

We stonden voor de deur van haar appartement, maar ze nodigde me niet uit om binnen te komen. 'Zusterlief,' fluisterde ze, 'ik moet eerst even kijken of die klootzak er niet is.'

'Klootzak?'

Ik vond dat de Marrakeshje erg vulgair praatte. Maar op dat moment was ik zo blij dat ik iemand had ontmoet, dat ik er even niet over nadacht.

'Mijn man,' zei ze. 'Die begint alleen maar te zeuren als ik met zo'n knap ding als jij thuiskom. Schat, ik wil met jou praten en niet de hele tijd aan die klootzak uitleggen waar we het over hebben.'

Ze controleerde of de kust veilig was en liet me daarna binnen. Het appartement was veel kleiner dan het onze. We gingen op de bank zitten en ik nam de Marrakeshje iets nauwkeuriger op. Ze was kleiner dan ik en mager. Maar ze was heel knap met haar gladde zwarte haar tot op de billen. Ze droeg laarzen tot boven de knie met een hoge hak, maar je zag toch veel dij omdat haar hotpants erg kort waren. Ze had haar kleine borsten tot vlak onder de kin geduwd en ze had haar ogen zo zwaar opgemaakt dat ze enorm groot leken. Ik schatte haar op een jaar of 25 en ik vond haar door haar luidruchtige en ordinaire manier van doen erg sletterig.

Ze heette Iman, zo bleek, en ze was twee weken na mij naar Duitsland gekomen. Haar man, de 'klootzak', had ze leren kennen op het Djemaa el-Fna, het beroemde grote plein in Marrakesh, waar vroeger de veroordeelden werden opgehangen en tegenwoordig goochelaars, kooplui, slangenbezweerders, t-shirtverkopers, waarzeggers, soepkokers, sprookjesvertellers en hennavrouwen de toeristen proberen te lokken.

Iman zette muntthee en goot die met een grote boog, bitter, donker en zoet, uit een zilveren kan in fijne, geciseleerde glazen. Ze had er koekjes uit mijn vaderland bij: de halvemaanvormige, met amandelspijs en sinaasappelbloesemwater gevulde gazellehoorntjes *kaab el ghzal*, de zanderig kruimelige *el r'hyba* en kokosmakronen, mijn lievelingskoekjes. En natuurlijk had Iman de video van haar bruiloft al in de recorder zitten. Trots zette ze hem voor me aan.

In Marokko is het niet onbeleefd om de tv aan te laten staan als er bezoek is. Integendeel, het bezoek is nog niet binnen of alle aanwezige elektronische apparatuur wordt aangezet. Men wil laten zien hoe goed men het heeft en dat men niet bang is voor de stroomrekening aan het einde van de maand. Zo kan het dus gebeuren dat je bij tante Amina in de woonkamer zit, terwijl in de keuken de mixer luidruchtig mixt, de cassetterecorder aanstaat en er op tv een dvd wordt getoond. Toch wordt er ondertussen gewoon doorgekletst. Je moet gewoon een beetje harder praten. Bezoek betekent dus hels kabaal. Maar vermoedelijk zouden de gasten gedeprimeerd naar huis gaan als het er niet zo lawaaiig aan toeging.

De bruiloft die ik op video te zien kreeg was pompeuzer dan alle bruiloften die ik ooit had gezien. Imans bruidegom bleek een iets oudere, knappe maar gedrongen man. Zijzelf straalde in haar prachtige gewaden nog harder dan de zomerzon in Marrakesh. Er liepen muzikanten door de feestzaal, ruiters schoten met ouderwetse geweren in de lucht, de tafels bezweken bijna onder de voortreffelijkste gerechten en voor de cadeaus had men een heuse stellage gebouwd, zodat ze op een passende manier konden worden gepresenteerd, ook voor de camera's.

'Zie je dat!' riep Iman. 'Dit heeft mijn vader allemaal betaald. Die klootzak had geen cent te makken. Hij woonde zelfs bij ons.'

'Waarom ben je dan met hem getrouwd?' vroeg ik met volle mond. Het was me gelukt onopvallend twee kokosmakronen tegelijk naar binnen te werken.

'Waarom? Waarom? Waarom?' riep Iman. 'Omdat hij beweerde dat al zijn geld in Duitsland was. Hij had zelfs foto's bij zich van een villa en een Mercedes. Hij zei dat die van hem waren. Hij zou een kapsalon voor me regelen.'

Toen ze in Duitsland waren aangekomen, bleek dat de man slechts een klein appartement en geen Mercedes bezat. In plaats daarvan had hij een oranje busje, waarmee hij Iman naar de rand van de stad bracht.

'Ik wist eerst helemaal niet wat ik daar moest, in the *middle of nowhere*,' zei Iman. 'Tot de eerste klant op het raampje klopte. Toen hij wegging kreeg ik vijftig mark, die ik meteen aan die klootzak moest geven.'

Iman zat er helemaal niet mee mij in detail te vertellen wat er aan de rand van de stad gebeurde. Om eerlijk te zijn wilde ik dat eigenlijk helemaal niet zo precies weten. Bovendien wist ik niet zeker of het allemaal wel klopte. Dit was een vreemde wereld voor mij. Natuurlijk waren er ook in Agadir prostituees. Voor jonge vrouwen was het de eenvoudigste manier om geld te verdienen. Maar ik had me altijd voorgenomen om er niet aan mee te doen.

Ik vond het schokkend dat Duitse mannen de mooiste meisjes uit mijn land kochten om ze te laten tippelen. Tegelijkertijd was ik blij dat Walter kennelijk niet van plan was mij met anderen te delen.

Iman kletste en kletste maar, terwijl op de achtergrond de video liep. Ze was bezig mij uit te leggen hoe ze haar man om zeep wilde brengen.

'Glas!' riep ze. 'Ik stamp het met de vijzel heel fijn tot het poedersuiker is, en dan doe ik het in z'n thee. De klootzak. Dat wordt een langzame, pijnlijke dood, dat zweer ik je.'

Ik had geen idee of je iemand met fijngemalen glas kon vermoorden, maar met die lui uit Marrakesh wist je het nooit. Ik had een beetje medelijden met Imans man. Hij had Iman bedrogen en hij dwong haar tot prostitutie, maar in ruil daarvoor had Allah hem gestraft met een vrouw die vlak na de bruiloft al plannen smeedde om hem uit de weg te ruimen.

Later bleek dat de man het huwelijk met Iman had overleefd. Ze verliet hem op de dag dat de termijn van drie jaar, die in Duitsland nodig is om ook zonder huwelijk een verblijfsvergunning te kunnen krijgen, was afgelopen.

De ontmoetingen met Iman waren fascinerend en afschuwelijk tegelijk. Ze was boosaardig en onbeheerst, maar ze was ook mijn enige link met Marokko. Ik kon met haar giebelen en lachen en als ik bij haar was, smolt mijn heimwee naar Marokko als sneeuw voor de zon. Soms liepen we op straat grapjes te maken over de Duitsers en hun problemen met emotie. We zagen een verliefd stel op een terras dat schuchter elkaars hand vasthield. Iman stootte me aan en siste: 'Zie je die twee daar?'

Ik knikte. 'Ja.'

'En, wat doen ze?'

'Ze houden elkaars hand vast.'

'Nou, wat zeg ik je?'

'Hè?'

'Doe toch niet zo naïef, schat. Over een uur houden ze nog steeds elkaars hand vast. Meer doen ze niet! Duitse mannen hebben echt niets in hun broek. Het zijn allemaal slappe lullen.'

Dat vond ik een beetje chauvinistisch. Maar ik durfde niet al te veel te zeggen over de Duitse man. Ik kende alleen Walter.

'Vind je?' vroeg ik voorzichtig. 'Maar Walter is toch geen slappe lul?'

'Nee! Omdat hij jou heeft, lieverd! Door jou is er weer passie in zijn leven. Duitsers snappen niks van passie. Geloof me, ik kan het weten.'

We observeerden het verliefde stel nog een tijdje. Inderdaad lieten ze elkaars handen niet los en keken ze elkaar af en toe diep in de ogen, maar meer gebeurde er niet. Ik vond dat erg romantisch.

Iman vond het maar niets. 'Twee blanken, dat wordt niks. Een Marokkaanse man had die trut allang een keer in haar billen geknepen. Maar wat doen die Duitse tortelduifjes? Elkaar verliefd aankijken en elkaars handje vasthouden tot je er zweethanden van krijgt! Dat is toch niet te pruimen!'

Als we echter een van die Duitse slappe lullen tegenkwamen en hij was nog knap en jong ook, sloeg Iman om als een blad aan een boom. Dan duwde ze haar borsten omhoog, trok ze haar truitje omlaag en draaide ze zo extreem met haar heupen dat het wel buikdansen leek.

'Iman,' fluisterde ik, 'ik denk dat het een Duitser is.'

'Nou en?' zei Iman dan heupwiegend, 'dat is altijd nog beter dan mijn klootzak thuis.'

Uiteindelijk besloot ik mijn contact met Iman te beperken. Haar agressieve gedrag en haar verhalen maakten me nerveus. Ik vond de manier waarop ze haar geld verdiende en hoe ze over andere mensen praatte niet prettig. Ik vond het oneerlijk en gemeen. Ik was helemaal enthousiast over mijn nieuwe leven en zij maakte het slecht. Op een of andere manier pasten we niet bij elkaar.

Een paar maanden later bleek dat mijn wantrouwen op zijn plaats was geweest. Iman zou nog een misselijke rol in mijn leven spelen en me zwaar in de problemen brengen.

Mijn huwelijk veranderde. Walter was niet meer zo lief voor me. Hij bedreigde me voortdurend. Toen ik een keer mijn nagels lakte, viel het flesje om en droop de inhoud op het tapijt. Ik was niet erg ervaren in het lakken van nagels, want in Marokko had ik nooit make-up gehad. Ik mompelde: 'Sorry, ik maak het zo schoon.' Maar Walter was woedend.

'Boerentrut, stomme Marokkaanse boerentrut!' riep hij. 'Ik stuur je terug naar Afrika als je nog niet eens je nagels kunt lakken!'

Dat was het ergste wat hij tegen me kon zeggen: terug naar Agadir, terug naar de plek waar zoveel pijn zat. Ik had als mislukkeling met lege handen naar mijn jaloerse familie moeten teruggaan en om een dak boven het hoofd en hulp moeten vragen. Of op straat moeten leven. Wat een vernedering! Snikkend maakte ik het tapijt schoon met aceton.

Walter kalmeerde al snel en nam me mee naar de stad om een fiets te kopen: mijn eerste fiets. Het werd een meisjesfiets, maar hij was prachtig. Even vergat ik zijn dreigementen. Toch was ik vanaf die dag als de dood dat ik een fout maakte. Ik verloor mijn zelfbewustzijn, mijn lach en mijn trots. Het feit dat Walter met de week wantrouwiger werd, maakte de situatie er niet beter op. Als ik uit school kwam, zat hij al voor de deur te wachten. Als ik afgesproken had met wat mensen uit de groep om samen huiswerk te maken in een koffiehuis of om gewoon wat te kletsen, gebeurde het vaak dat hij aan de overkant van de straat stond met een verrekijker. Ik had het gevoel voortdurend te worden achtervolgd.

Op een dag viel me op dat er in mijn dagboek was gelezen. Ik had er allerlei dingen in opgeschreven die voor mij in Duitsland belangrijk waren: kleine gebeurtenissen, de teksten van Arabische liefdesliedjes, een paar strofes uit een gedicht. Later hoorde ik dat Walter Arabische studenten had betaald om mijn dagboek te vertalen.

En toen ontdekte ik dat hij dingen had veranderd in het appartement. Overal waren kleine bandrecorders verstopt: achter de televisie, onder de bank, in de luchtbevochtiger. Hij maakte zelfs de telefoonkabel korter, zodat ik niet meer kon gaan zitten bellen in de badkamer om uit de buurt te zijn van de afluisterapparatuur. 's Avonds zat Walter vaak in de woonkamer met een koptelefoon op te luisteren naar de opnames.

Ik vond het allemaal wel wat vreemd, maar vatte het aanvankelijk op als een spelletje. Ik probeerde Walter te slim af te zijn door op het laatste moment de metro in te springen als hij me achtervolgde. Dan zag ik hoe hij tevergeefs met de metro meerende tot hij op moest geven. Zijn bandjes vulde ik met Marokkaanse muziek en harde geluiden. 's Avonds ging ik naar bed en deed ik of ik sliep. Dan keek ik stiekem, met behulp van de spiegeldeuren van de kast, hoe hij in de woonkamer op de bank zat en probeerde nog iets bruikbaars op te maken uit het lawaai dat ik had gemaakt.

Op een ochtend werd ik wakker en wist ik dat het geen spelletje meer was. Ik voelde dat ik niet meer gelukkig kon worden met Walter en dat een angst die ik nog niet kende me de keel dichtkneep. Het was niet dezelfde angst als die van vroeger: de angst voor geweld, honger en pijn. Het was een nieuwe, onbekende angst en ik huiverde ervan. Ik kreeg geen lucht meer.

Voor het eerst van mijn leven had ik mezelf overgeleverd aan een vreemd mens. Ik was met Walter naar Europa gegaan en had hem mijn hart geschonken omdat ik had besloten lief te hebben en te vertrouwen. En nu voelde ik dat deze man, die mijn echtgenoot was, elke dag een beetje meer van me vervreemdde. Hij maakte me niet echt deelgenoot van zijn leven, maar gaf me ook niet de vrijheid mezelf te ontplooien. Misschien hield Walter van me, maar hij hield niet van mij zoals ik was, maar hoe ik volgens hem zou moeten zijn. En omdat ik niet aan zijn eisen voldeed, controleerde hij me dag en nacht. Ik voelde me in zijn aanwezigheid net een gevangene.

Ik haalde diep adem om te proberen rustig te worden. Maar het lukte me niet. Mijn keel zat dichtgesnoerd, mijn hart bonkte en mijn lichaam leek wel verlamd. Ik was helemaal leeg en niet in staat mijn emoties in bedwang te houden.

Plotseling stond ik op het balkon. Ik zag mijn eigen handen op de balustrade. Mijn vingernagels had ik tot op het vlees afgekauwd. Ik wilde die vreselijke, aangevreten vingers niet meer zien, het bewijs van mijn zelfdestructie. Ik was begonnen mezelf kapot te maken. Ik deed mijn ogen dicht, leunde over de balustrade en voelde de aantrekkingskracht van de aarde diep beneden me. Maar ik sprong niet. Ik gilde. Ik stond op Walters balkon en schreeuwde om hulp.

'Help! Help! Help!'

Mijn geschreeuw echode in mijn oren. Walter kwam naar buiten gerend. 'Wat is er?' vroeg hij.

Maar ik antwoordde niet en bleef maar gillen.

'Als je niet ophoudt, bel ik de politie!' schreeuwde Walter.

Ik hield op met schreeuwen en werd opeens heel erg rustig. Net nog was ik bang geweest dat ik gek werd van wanhoop, maar nu wist ik dat ik nog steeds voldoende kracht bezat om te overleven.

Mijn wanhoop sloeg om in woede. Mijn eigen man dreigde met de politie. Kennelijk wilde hij me kwijt. Hij wilde me naar Marokko terugsturen! Hij wilde me vernietigen! Maar dat zou hem niet lukken. Niet met mij. Ik had al zoveel doorgemaakt de afgelopen jaren. Er was niets dat mij kapot kon krijgen, niemand ontnam mij mijn leven, mijn waardigheid. Dat was niet gelukt na de moord op mijn moeder, niet toen ik bijna verhongerde, niet door het huiselijk geweld en niet door de mannen die me achtervolgden. En nu zou het ook Walter niet lukken. Ik was bereid om te vechten. Mijn hoofd was koel en mijn hart was zo koud als ijs. Mijn overlevingsdrang was teruggekeerd en ik wist dat ik iets moest doen. Anders ging ik ten onder.

Ik sloeg mijn onderarm tegen een scherpe rand van de balustrade tot die bloedde en zei: 'De politie kan mijn psychische leed niet zien, maar dit bloed wel.' Mijn stem was ijskoud. 'Als je de politie belt, zeg ik dat jij me dit hebt aangedaan.'

Daarna liep ik het appartement binnen. Ik waste me, kleedde me aan en ging naar de metro. Ik reed tot aan het eindstation, stapte uit, ging op een muurtje zitten en keek door mijn tranen heen naar de lucht. Er trokken wolken langs, wit tegen een blauwe achtergrond, zoals het hoort in Beieren. Plotseling merkte ik dat ik bad: 'Allah, wat ben je met me van plan? Ik smeek je, help me, help me een weg te vinden uit deze ellende. Behoed mijn waardigheid en mijn trots. Heb mededogen en verhoor mijn gebed. Amen.'

Ik werd er rustiger van en besloot systematisch te handelen, mijn positie te bepalen voor ik iets ondernam.

De situatie was niet rooskleurig. Ik sprak inmiddels weliswaar een beetje Duits, maar kon nog geen ingewikkelde dingen zeggen. Mijn relatie met Walter vond ik erg ingewikkeld. Ik had geen idee wat mijn rechten waren in Duitsland en ik wist niet met wie ik over mijn problemen zou kunnen praten. Ik wist niet hoe het verder moest. De enige mensen die ik kende waren Walter en zijn vrienden, Imans man, de man van de elfde verdieping die volgens Iman zijn eigen vrouw liet tippelen, en de leraren van de volksuniversiteit. Die waren heel aardig, maar het bleven leraren. In Marokko praat je niet met een leraar over privéproblemen. Ik wist niet dat je dat in Duitsland best kunt doen.

Maar toen zond Allah me een jonge Duitse vrouw met een teckel. Ze woonde in hetzelfde flatgebouw als Walter en ik en ik ontmoette haar vaak in de lift als ze met haar hondje ging wandelen. Ik had nooit de indruk gehad dat ze zich voor mij interesseerde, maar dat veranderde toen ze me op een dag in de lift begroette met de woorden: 'Hoi, hoe gaat het ermee?'

Dat had ze beter niet kunnen vragen, tenminste niet op die dag, want ik was erg labiel. Zelfs zo'n oppervlakkige, doodnormale vraag bracht me van mijn stuk. Ik barstte in tranen uit en wel zo erg dat de teckel begon te piepen. De jonge vrouw legde haar arm om mijn schouder en zei: 'Meisje toch. Kom jij maar eens mee. Ik geloof dat we moeten praten.'

Daar zat ik, in haar kleine appartement dat ze samen met haar vriend bewoonde, die rechten studeerde, net als zij. Ik vertelde hoe Walter me bespioneerde, dat ik me net een gevangene voelde en hoe ongelukkig ik daarvan werd.

De jonge vrouw was een typisch Duitse. Ze draaide er niet lang omheen en zei dat ze Walter en mij al een tijdje in het oog hield en dat ze het gevoel had gehad dat er iets niet in orde was. Ze wist al dat Walter met mij was getrouwd op huwelijkse voorwaarden. Dat had hij haar blijkbaar een keer in het trappenhuis verteld. Hij was hierover erg trots op zichzelf geweest. Zij vond het niet oké en beloofde me dat ze er informatie over zou inwinnen.

Een paar dagen later belde ze bij me aan. Ze had gezien dat Walter weg was gegaan.

'Ik heb een idee. Je moet naar een blijf-van-mijn-lijfhuis gaan.'

'Een blijf-van-mijn-lijfhuis?' vroeg ik. Ik had het woord nog nooit gehoord. In Marokko waren geen blijf-van-mijn-lijfhuizen.

'Daar krijg je hulp. De mensen daar komen op voor je rechten.'

'Goed,' zei ik. Ik begreep nog steeds niet dat er in Duitsland mensen waren die vrouwen hielpen. Vrouwen helpen! Bestaat daar een Arabisch woord voor? Zo ja, dan had ik het nog nooit gehoord.

En toen zei mijn buurvrouw nog iets wat ik nog nooit gehoord had: 'Geestelijke mishandeling,' zei ze. 'Als je het blijf-van-mijn-lijfhuis binnenkomt, moet je zeggen dat je je man wegens geestelijke mishandeling wilt verlaten.'

'Geestelijke mishandeling?' vroeg ik.

'Dat is wat jouw man met je doet,' legde mijn buurvrouw uit. En toen snapte ik het.

Dat weekend ging Walter met zijn nieuwe hond, een pitbull die Anton heette, naar een hondentraining. Hij zou drie uur wegblijven. Gedurende die tijd, pakte ik mijn bescheiden eigendommen in een blauwe vuilniszak. Ik stapte in de auto van de jonge vrouw met de teckel en liet me door haar naar een blijf-van-mijn-lijfhuis rijden.

Het blijf-van-mijn-lijfhuis is een onopvallend gebouw in een van de mindere wijken van München. Er ligt een tuin omheen met een speelplaats. De ingang wordt door camera's bewaakt. Binnen zitten medewerkers van de sociale dienst. Zij bepalen wie het huis binnen mag en wie niet.

Mijn buurvrouw en ik kwamen tegen de avond bij het blijf-van-mijn-lijfhuis aan.

'Dag!' zei de buurvrouw. 'En veel geluk!'

Daar schrok ik van. Ik had gedacht dat ze mee naar binnen zou gaan. Nu stond ik opeens moederziel alleen met mijn blauwe vuilniszak in een verlaten straat in München. Bij de ingang stond geen bord waar blijf-van-mijn-lijfhuis op stond, of zoiets. Er was alleen een bel en daar drukte ik op.

'Wie is daar?' klonk het uit de kleine luidspreker naast de poort. Ik deinsde terug.

'Mijn naam is Ouarda, Ouarda Saillo,' fluisterde ik. Ik vond dat mijn Duits niet goed genoeg was, dus praatte ik heel zacht. Soms wauwelde ik ook maar wat, dan hoorde je de fouten niet zo goed.

'Bent u alleen?'

Ik keek om me heen. 'Ja.'

'Er is geen man bij u?'

'Nee.'

'Weet u het zeker?'

'Ja.'

'Wat wilt u?'

Wanhopig zocht ik naar wat ik moest zeggen. Mijn buurvrouw had het nog zo met me geoefend. Maar nu hier, voor die anonieme poort met die intercom, schoot me niets meer te binnen.

'Wat wilt u?' De stem bleef vriendelijk.

Opeens wist ik het weer! 'Geestelijke mishandeling,' wauwelde ik. 'Ik kom voor geestelijke mishandeling. Uit Marokko.'

Even was het stil. Daarna hoorde ik een zoemer en ging de poort open. 'Geestelijke mishandeling' was het toverwoord.

Ik sleepte mijn vuilniszak door de tuin naar de voordeur. Die ging ook vanzelf open. Achter de deur stond een oudere vrouw met een bloem in haar dikke zwarte haar. Ze nam me mee naar een kantoor en probeerde te achterhalen of ik een noodgeval was. Blijf-van-mijn-lijfhuizen nemen normaal alleen vrouwen op bij acuut levensgevaar. Meestal komt de politie ze brengen. Dat iemand in haar eentje met een vuilniszak voor de deur staat komt zelden voor. De meeste mensen weten niet waar een blijf-van-mijn-lijfhuis is, omdat het adres geheim wordt gehouden, maar dat wist ik op dat moment allemaal niet en mijn buurvrouw met de teckel kennelijk ook niet.

De vrouw met de bloem in het haar probeerde te achterhalen waar de tragiek in mijn leven zat. Daar had ze het bij mij niet makkelijk mee. Ik durfde niet veel meer dan 'ja' en 'nee' te zeggen, zo schuchter was ik. Er ontstond een vreemd gesprek.

'Heeft uw man u geslagen?'

'Nee.'

'Heeft hij u bedreigd?'

'Nee.'

De vrouw was niet erg tevreden met mijn antwoorden.

'Bent u seksueel misbruikt?'

'Nee.'

'Weet u wat seksueel misbruik is? Of zal ik het u uitleggen?'

'Ja.'

'Ja, uitleggen, of ja, ik weet wat het is?'

'Ik weet wat het is.'

De vrouw begon gefrustreerd te raken. Ze voelde wel dat ik hulp nodig had, maar ik gaf haar geen bruikbare argumenten die ze op het aanmeldingsformulier – dat nog steeds blanco voor haar op tafel lag – kon invullen.

Lichamelijk geweld of seksueel misbruik waren mijn probleem niet. Mijn probleem was dat aan Walters zijde een ijzige kou in mijn hart was geslopen die me vanbinnen bevroor. Mijn probleem was dat ik me elke dag miserabeler voelde, dat het leven uit me wegsijpelde en dat een vreselijke angst me bekroop. Maar hoe moest ik dat uitleggen aan deze vriendelijke oudere dame met de bloem in het haar? Ik kon mijn wanhoop en hoe diep die zat niet in woorden uitdrukken.

'Is uw man misschien verslaafd aan alcohol of drugs?' probeerde de vrouw opnieuw.

'Nee.' Ook hier moest ik verstek laten gaan.

De vrouw zuchtte. 'Maar waarom bent u dan hier?'

'Geestelijke mishandeling,' wauwelde ik opnieuw. 'En ik ben bang.'

Ik geloof dat ze dat opschreef: geestelijke mishandeling en angst.

'We hebben eigenlijk helemaal geen plaats meer,' zei ze. 'Maar ik stuur u niet weg. U kunt hier blijven. Ik vind nog wel een slaapplaatsje.'

De slaapplaats werd een matras in een kleine kamer. Ik zette mijn vuilniszak naast de matras, liep naar het raam en staarde naar buiten. Ik was niet moe. Ik werd de hele nacht niet moe. Ik ging niet op de matras liggen, maar bleef bij het raam de duisternis in turen zonder iets te zien. Ik dacht terug aan het magere, smerige meisje uit Marokko, met al haar verlangens en haar hoop. Hoe vaak had ik al niet op een stuk karton geslapen, samen met mijn zusjes, en gedroomd dat ik gelukkig en vrij was. Hoe vaak had ik huilend wakker gelegen, omdat ik niet kon slapen van de honger. Hoe vaak had ik ernaar verlangd door familie omringd te worden. Maar dat kon niet meer nadat mijn vader mijn moeder had vermoord, en mijn oom en tante en hun kinderen bij ons introkken en in onze bedden sliepen terwijl wij op de grond lagen en moesten bedelen om te overleven.

Toen Walter mij naar Duitsland had gehaald, was hij mijn engel. Ik had hem vertrouwd, in de hoop mijn ellendige verleden vol geweld, vernedering en angst achter me te kunnen laten en een toekomst vol liefde, respect en veiligheid tegemoet te kunnen gaan. Maar die wens was niet in vervulling gegaan. En nu stond ik voor het raam in een blijf-van-mijn-lijfhuis met een vuilniszak naast me waarin alles zat wat ik bezat. En ik kon niet slapen.

Ik was mislukt. Ik was wanhopig. Ik gaf Walter nog niet eens de schuld. Ik was de schuldige! Het was me niet gelukt een goede vrouw te zijn voor mijn echtgenoot. Ik gaf mezelf overal de schuld van: de dood van mijn moeder en het feit dat mijn vader in de gevangenis zat. Ik was mislukt, mislukt, mislukt!

Toen het ochtend werd ging ik naast mijn matras op de vloer zitten wachten op wat er ging gebeuren. Maar er gebeurde natuurlijk niets. Ik werd overmand door een beklemmend gevoel van diepe eenzaamheid. Ik huiverde. Ik kende niemand hier. Ik hoorde het gehuil van de kinderen in het blijf-van-mijn-lijfhuis en de schelle stemmen van de vrouwen die hier een toevluchtsoord hadden gevonden. En opeens realiseerde ik me dat er maar één mens was op deze wereld bij wie ik hoorde, wat hij ook deed en hoe hij me ook behandelde.

Er was een telefooncel in het blijf-van-mijn-lijfhuis, waar het vreselijk naar rook stonk omdat het tevens als rookkamertje fungeerde. Ik toetste Walters telefoonnummer in en wachtte op zijn stem. De telefoon ging maar één keer over. Hij had op mijn telefoontje zitten wachten!

'Ben jij het, Ouarda?'

'Ja.'

'Waar zit je?'

'Dat kan ik je niet zeggen.'

'Het maakt ook niets uit. Kom naar huis. Ik mis je. Ik kan niet zonder je. Ik heb de hele nacht geen oog dichtgedaan.'

Ik wist niet wat ik moest zeggen. Ik had ook geen oog dichtgedaan. Ik voelde me helemaal leeg. Ik was vreselijk moe.

'Neem een taxi en kom,' zei Walter.

Ik verliet het blijf-van-mijn-lijfhuis zonder mijn blauwe vuilniszak en ging op zoek naar een taxi. Tien minuten later nam Walter mij in zijn armen. Dat voelde heel wat beter dan alleen op een matras in een blijf-van-mijn-lijfhuis, maar het voelde niet goed genoeg om mijn twijfels over onze relatie kwijt te raken. Walter was wanhopig. Hij was bang geweest dat hij me kwijt was. Toch wilde ik niet meteen toegeven. Ik had het gevoel dat er iets moest veranderen in onze relatie als ik gelukkig wilde worden. Walter zei dat hij kapot zou gaan als ik hem verliet. Hij wilde het beste voor me: ik kon de school uitkiezen waar ik heen wilde, de opleidingen die ik wilde volgen, ik mocht carrière maken en zelfstandig worden. Onze relatiecrisis was gebaseerd op een misverstand. Hij zou me alles uitleggen en dan kwam alles goed.

Ik huilde. Ik luisterde. Ik wilde zo graag geloven wat Walter zei. Die nacht bleef ik bij hem. En daar houden ze in het blijf-van-mijn-lijfhuis niet zo van. De volgende dag, toen ik mijn vuilniszak wilde ophalen, werd ik al bij de ingang opgewacht door een Oost-Europese – althans, ik geloof dat de vrouw daarvandaan kwam.

'Hé, ben jij die nieuwe?'

'Ja.'

'Jij moet gaan naar baas. Ies op kantoor daar en wacht op jou.'

In het kantoortje zat een elegante vrouw met blauw gelakte teennagels in open schoenen met een hoge hak. Ze keek me peinzend aan en zweeg. Een prettig zwijgen. Het stelde me op mijn gemak. Ik had het gevoel dat mijn moeder mij door de ogen van de vrouw tegenover me aankeek. Haar ogen waren vol liefde en begrip. Terwijl ze daar zo zat en me aankeek, voelde ik iets wat ik allang niet meer had gevoeld, namelijk geborgenheid. Ik ontspande me, hoewel de vrouw begon met de vraag waar ik al bang voor was geweest. 'Waar bent u vannacht geweest?'

Ik loog. 'Bij een vriendin.'

Haar gezicht betrok even. Ze wist dat ik loog, maar ze zei niets. Ze zweeg en bleef me aankijken. Ik had het gevoel dat ze dwars door me heen keek.

Ik besloot deze vrouw in vertrouwen te nemen. Ik kon haar sowieso niet om de tuin leiden. Ik vertelde haar over mijn huwelijk, over mijn twijfels, over mijn schuldgevoelens en over mijn angst om naar Marokko teruggestuurd te worden en het leek of ze me begreep.

'U weet niet of u bij uw man wilt blijven?'

'Ja. Nee,' zei ik.

'Neem de tijd,' zei de vrouw.

'Wat moet ik doen?' zei ik wanhopig.

'Naar uzelf luisteren,' zei de vrouw. 'U bent iets bijzonders. Wat u ook beslist, het komt allemaal goed.'

Ik schoot vol. Hier zat een vrouw die me pas een paar uur kende en ze nam me serieus. Ze nam het voor me op, ze stond aan mijn kant. Ik kon me niet herinneren dat me dat ooit was gebeurd: dat iemand van me hield zoals ik was. Mijn moeder had van me gehouden zoals alleen een moeder dat kan, maar dat was lang geleden. En nu zat ik hier met een vrouw in een kantoortje van een blijf-van-mijn-lijfhuis in München, duizenden kilometers verwijderd van Agadir en de golven van de zee die mijn tranen altijd hadden weggespoeld en ik voelde mijn hart weer. Ik wilde niet huilen, maar het gebeurde toch. De tranen spoelden het gif van de angst uit mijn ziel. Bij deze vrouw voelde ik me sterk en vrij en dus besloot ik nog een paar dagen in het blijf-van-mijn-lijfhuis te blijven.

'Sorry,' zei ik, 'zou ik morgen nog een keertje met u mogen praten?'

De elegante vrouw glimlachte. 'Natuurlijk. U kunt gewoon naar binnen lopen.'

Ik nam afscheid.

Op de gang schoot me te binnen dat ik helemaal niet wist hoe de vrouw heette. En dat was opeens heel belangrijk voor me. Ik moest weten hoe ze heette. Dus liep ik de keuken binnen, de ontmoetingsplaats voor de vrouwen in het blijf-van-mijn-lijfhuis.

'Hallo,' fluisterde ik.

'Hallo!' klonk het in koor.

'Mag ik iets vragen? Hoe heet die elegante mevrouw met de blauw gelakte teennagels?'

'Welke?'

'Die in het kantoortje.'

'O, die! Het staat op het bordje op de deur,' zei een van de vrouwen.

Een andere vrouw riep: 'Ze heet Stebut.'

Ik sloop nog een keer terug naar de deur van het kantoor en schreef de naam op die op een bordje naast de deur stond: von Stebut, Beate. Ik legde het papiertje onder mijn kussen. Ik zou het vast nog nodig hebben.

DE FAMILIE VAN DE IRAKEES

Na vier dagen in het blijf-van-mijn-lijfhuis ging ik terug naar mijn man. Walter had me bloemen gestuurd en brieven geschreven waarin hij zich verontschuldigde en beloofde dat hij me beter zou behandelen.

'Mevrouw von Stebut,' zei ik, 'ik wil het graag nog een keer proberen met Walter.'

'Dat is goed,' zei ze. 'Neem de tijd om te ontdekken wat u moet ontdekken.'

Ik pakte mijn blauwe vuilniszak en zei: 'Tot ziens.'

'Tot ziens,' zei mevrouw von Stebut. 'Ik sta voor u klaar als u hulp nodig hebt. U hoeft alleen maar te bellen.' Daarna nam ze me in haar armen. Ik bleef er bijna in.

Tijdens de taxirit naar Walter prevelde ik het telefoonnummer van mevrouw von Stebut. Alsof het een geheime code was die ik moest onthouden, maar die niemand mocht weten. Ik wilde het nummer niet op papier zetten omdat ik bang was dat Walter het van me zou pikken en ik wilde dit nummer voor mij alleen hebben. Het was mijn nummer voor noodgevallen. Toen de taxi voor het huis van Walter stopte, kende ik het nummer uit mijn hoofd. Ik zou het nooit meer vergeten.

Walter was veranderd. Hij ging met me op vakantie naar Tunesië. Ik ging voor het eerst van mijn leven op vakantie. Voor Walter was de vakantie waarschijnlijk heerlijk ontspannen, maar voor mij was het pure stress. Ik wist niet hoe ik me als vrouw van een christen in een islamitisch land moest gedragen. De Koran en rechtsgeleerden in de islam dulden verbintenissen tussen moslims en christenen niet. In soera 2 *Al Baqara*, De Koe, vers 221, staat:

'En huw haar (gelovige vrouwen) niet aan afgodendienaren (niet-moslims) uit, voordat zij geloven; waarlijk een gelovige slaaf is beter dan een afgodendienaar, ofschoon hij je mag behagen. Zij noden tot het vuur, maar God noodt je door zijn gebod tot de hemel en tot vergiffenis. En hij maakt zijn tekenen aan de mensen duidelijk, opdat zij lering zullen trekken.'

Walter had in Marokko weliswaar voor een paar honderd dirham een bevestiging ontvangen dat hij tot de islam overgegaan was en had zelfs de *sjahaada*, de magische spreuk, opgezegd die iedereen onmiddellijk tot moslim maakt: *'āsh'hadoe ān lā ilaha illā-llah, āsh'hadoe ānna mūhammadār rasoeloe-llah* – er is geen God dan Allah en Mohammed is zijn profeet' – maar in werkelijkheid voelde hij zich niet echt moslim en dat merkten de mensen in Tunesië meteen.

Ik besloot net te doen of ik een Braziliaanse was om conflicten te voorkomen. Maar dat hielp niet veel. De mannen op straat sisten me beledigende dingen toe: 'Moet je die slet zien. Ze doet het met een Europeaan.'

'Schande!'

'Zondaar!'

Ik was blij dat we terug naar Duitsland gingen. Ons huwelijk maakte helaas geen kans meer. Na een paar maanden vluchtte ik opnieuw. Dit keer met een kleine rugzak met de voor mij belangrijkste spulletjes: wat kleren, een foto van mijn moeder, de vierhonderd mark die ik had gespaard van het zakgeld dat Walter me wekelijks had gegeven (vijftig mark) en een kopie van het troonvers *Ayat al-Koersie*, uit soera 2 *Al Baqara*, De Koe:

'Allah – er bestaat geen God behalve deze God, de Levende, de alles Behoudende. Hij kent geen vermoeidheid, noch slaap. Wat op aarde en in de hemelen is, behoort hem. Wie is het, die bij hem voorspreken wil, hetzij dan met zijn toestemming? Hij weet van voor en wat achter hen ligt, maar zij begrijpen slechts dat van zijn weten, wat hem behaagt. Zijn troon omvat de hemelen en de aarde en het kost hem geen moeite beide te behouden. Hij is de Verhevene, de Machtige.'

Mijn grootmoeder had me dit gebed vroeger altijd in het oor gefluisterd als ik haar had bezocht in haar lemen huisje in het zuiden van Marokko. Dit vers begeleidt mij en mijn familie nog steeds.

Ik vond onderdak bij een Marokkaanse kennis die ik via mijn buurvrouw op de elfde etage had leren kennen. Ik noemde haar Khadoesh omdat ik vond dat die naam bij haar paste. Khadoesh is een plattelandsnaam en betekent: de te vroeg geborene. Khadoesh kwam uit de buurt van Chemaia, niet ver van Safi aan de Atlantische Oceaan, en ze was een echte boerentrien: dik, niet al te snugger, luidruchtig en hartelijk. Haar familieomstandigheden waren nogal buitengewoon. Khadoesh' man, een bijna veertig jaar oudere Irakese autoverkoper, was namelijk al getrouwd en wel met een Duitse schoonmaakster. Daar had hij twee volwassen dochters mee. Bovendien had hij een buitenechtelijke Turkse zoon, van wie de moeder ooit op een of andere manier was verdwenen. De Irakees was met Khadoesh getrouwd in de moskee van het dorp waar ze vandaan kwam, naar islamitisch recht, maar in Duitsland ging ze door voor au pair. Khadoesh had inmiddels ook een kind van de Irakees. De schoonmaakster had haar plek in het echtelijke bed aan Khadoesh afgestaan en bewoonde nu een eigen kamer in het gezamenlijke appartement. En daar kwam ik nu nog bij met mijn rugzak.

Ik sliep in de woonkamer op een smalle, harde leren bank. Nou ja, slapen… Ik sliep niet veel, want de Irakees zat tot diep in de nacht op mijn provisorische bed televisie te kijken en bier te drinken. Daar kon ik niet veel aan doen, het was tenslotte zijn bank! Als hij genoeg gedronken had, verdween hij in het beste geval naar zijn slaapkamer. In alle andere gevallen werd hij agressief en begon hij het meubilair tegen de muren van de woning te slingeren.

Meestal zat ik in de keuken en probeerde ik in de etensluchtjes aan een tafeltje Duits te leren. Ik had de basiscursus aan de volksuniversiteit succesvol afgerond en was begonnen met de gevorderdencursus. Helaas zou al snel blijken dat ik niet langer probleemloos naar school kon, omdat Walter daar op de loer lag.

De zaken van de Irakees gingen niet zo goed, geloof ik. Gedurende de paar weken die ik bij hem woonde, werd er bijna elke dag rijst met gekookte worteltjes en soms een stukje kip gegeten en dat had ik dan meestal ook nog betaald. Na ongeveer twee weken waren mijn vierhonderd mark in elk geval op.

Ik begreep heel goed dat ik niet altijd bij deze familie kon blijven, maar het was niet zo eenvoudig om een alternatief te vinden. Mijn Duits was wel al zo goed dat ik me zonder problemen verstaanbaar kon maken, maar werk zoeken was bijvoorbeeld onmogelijk, alleen al omdat ik de nodige papieren niet had. Soms zat ik in de keuken te piekeren, terwijl de anderen om mij heen kletsten, zongen, ruzieden en lawaai maakten. Was het misschien beter geweest in Marokko te blijven? Had ik meer moeten vechten voor mijn huwelijk met Walter? Had Walter gelijk als hij zei dat ik zonder hem in Europa verloren was? Ondanks al het lawaai in de keuken kon ik zijn stem als het ware nog horen. Hij had altijd gezegd: 'Zonder mij ben je nergens! Je hebt geen papieren, geen werk, geen dak boven je hoofd en geen toekomst. Ze sturen je terug! En er is niets wat je daar tegen kunt doen!'

'Je zult het zien! Ik kan het!' Onbewust had ik hardop gepraat en Walter van repliek gediend. En Khadoesh, die weer eens een grote pan rijst stond te koken, keek verbaasd om.

Ik besloot mijn eigen weg te gaan. Ik had al zoveel dingen over-leefd, dit kon er ook nog wel bij. Ik wilde proberen in Duitsland te blijven. Ik had ook een plan in geval van nood. Als ik Europa toch zou moeten verlaten, wilde ik niet terug naar Agadir, maar zou ik proberen opnieuw te beginnen in Casablanca. Mijn Duits was goed genoeg om daar een baantje in de toeristenbranche te krijgen, dacht ik tenminste. En toen leerde ik Robert kennen, de man die de vader van mijn kind zou worden.

Robert werkte bij een verzekeringsmaatschappij. Hij zag er goed uit en hij was vooral jong: 28 jaar. Hij had een eigen appartement, woonde alleen, werd op slag verliefd op me en dat op een niet-opdringerige manier. Dat vond ik wel prettig. Ik was ook heel verliefd en trok zo snel ik kon bij hem in. Dat bleek een grote fout, want ik had Walters opsporingskwaliteiten onderschat. Binnen twee dagen wist hij alles over Robert en vanaf dat moment maakte hij ons het leven zuur.

Het begon met bellen. De telefoon ging. Het was Walter. Hij begon mijn nieuwe vriend uit te leggen wat voor een vreselijke slet ik was. Een paar dagen later bracht de postbode naaktfoto's die Walter ooit van me had gemaakt. Ik geloof niet dat Robert zich een nieuwe relatie zo voor had gesteld, maar hij steunde me dapper. Vlak daarna moest ik bij de IND komen. Problemen met mijn verblijfsvergunning. Ik vermoedde dat Walter hier achter zat.

'Wat moet ik doen?' vroeg ik aan Robert. Dit was een ernstige kwestie.

Robert wist het ook niet. Ik was zijn eerste buitenlandse vriendin. Maar hij deed vreselijk zijn best voor me. Toch was de brief van de IND voor mij een reden om nog eens grondig over mijn leven na te denken.

Ondanks alle problemen die ik met Walter had gehad, was hij de beste echtgenoot die er bestond als ik hem vergeleek met de mannen van de andere Marokkaanse vrouwen die ik in Duitsland had leren kennen. Iman van de elfde verdieping moest tippelen voor haar man, Khadoesh werd door haar Irakees mishandeld. Dat had ze me zelf verteld. En alle vrouwen in het blijf-van-mijn-lijfhuis hadden ook geen geluk gehad met hun mannen. Als je het zo bekeek, was Walter een lot uit de loterij. Hij was intelligent, goed opgeleid, rijk, ondernemend, succesvol en over het algemeen een aangename vent, afgezien van het feit dat hij me van mijn vrijheid beroofde. Ik moest beslissen of ik voor mijn vrijheid alles wilde riskeren, of terugkeren naar de gouden kooi bij Walter. Mijn verstand zei dat Walter zo slecht nog niet was, maar mijn hart ging voor het risico. En ik luisterde naar mijn hart. Ik was wel bang. Ik had geen geld en geen dak boven het hoofd. Ik had helemaal niets. Alleen Robert. Op dat moment was hij mijn redding.

Achteraf gezien vergde ik veel te veel van Robert. Hij was zeven jaar ouder dan ik en een aardige kerel. Maar hij was niet de man van zes miljoen. Mijn problemen waren een maatje te groot voor een administratief medewerker bij een verzekeringsmaatschappij. En nu weet ik dat ook ik persoonlijk een maatje te groot voor hem was. Maar dat wist ik toen nog niet. Ik was 21 en Robert was mijn nieuwe held. Ik knuffelde met hem op de bank en voelde me heerlijk geborgen. Hij ging met me biljarten en dansen en hij stelde me voor aan zijn vrienden. Ik leidde eindelijk een leven dat normaal was voor iemand van mijn leeftijd. In plaats van *Mein Freund der Baum* van Alexandra, Johnny Cash en de 78-toerenplaten uit de jaren dertig van de twintigste eeuw, luisterde ik nu naar Queen, George Michael, David Bowie en een hoop Elvis. Nee, het was niet echt een sprong de moderne muziekwereld in, maar het was een stap vooruit. Bovendien nam Robert films op video mee naar huis. Ik kon op televisie naar alle *Rocky*-films kijken, in het Duits. Erg interessant. En verder was ik bezig met het opruimen van de rommel die Walter veroorzaakte.

Hij sloop rond op de binnenplaats achter de flat, praatte achter mijn rug om met de IND, belde mijn familie in Agadir op en maakte met Robert ruzie om mij. Robert kon deze strijd nauwelijks aan.

Mijn leven was er dus niet beter op geworden. Integendeel: ik merkte hoe de voortdurende stress en de angst om het land te worden uitgezet, me uitputten. In Marokko had ik ook erge tijden meegemaakt, maar daar was ik op bekend terrein geweest, met altijd wel iemand in de buurt met wie ik kon praten. Hier in München voelde ik me verloren en eenzaam. Wie kon ik vertrouwen? Walter, die me wilde veranderen in iemand die ik niet was? Robert, die het allemaal niet aankon? Mijn Marokkaanse kennissen, die leefden op een manier die ik niet wilde? Ik voelde me erg in de steek gelaten. Zelfs mijn grote zus Rabiaa, die in Marokko altijd aan mijn kant had gestaan, nam het voor Walter op. Ze schreef dat ik naar mijn man terug moest gaan, want zo hoorde het.

Ik begreep Rabiaa niet. Ik las haar brief nog eens en zag mijn moeder voor me, die door mijn vader steeds was geslagen en die telkens had geprobeerd haar tranen en pijn voor ons kinderen te verbergen, met als uiteindelijke gevolg haar dood. 'Als ze op tijd was gevlucht,' prevelde ik, 'zou ze nu nog leven.'

Toen ik naar Duitsland was gekomen, wilde ik een nieuw leven beginnen, een leven in vrijheid, zonder angst en onderdrukking. Ik had mezelf beloofd dat ik nooit zo wilde eindigen als mijn moeder. Ik was niet van plan ook maar iets van mezelf op te geven: noch mijn lichaam, noch mijn ziel. Laat staan mijn leven!

Daarom was het een juiste stap geweest Walter te verlaten. Toch was ik erg bang om in dit koude, vreemde land helemaal alleen te zijn. En ik was alleen, want eigenlijk was er niemand die ik echt kon vertrouwen. Niemand, behalve de persoon van wie ik het telefoonnummer kende, die op de achtergrond zo'n kalmerende uitwerking op me had. Ik belde haar op.

De telefoon ging lang over. 'Alsjeblieft, Allah, ze moet er zijn,' bad ik.

Eindelijk nam er iemand op. 'Hulp voor Vrouwen, Von Stebut.'

Haar stem! Die warme, vriendelijke stem! Opgelucht haalde ik adem. Nu kwam alles goed.

'Ik ben het,' zei ik, 'Ouarda Saillo, uit Marokko, weet u nog?'

Ze onderbrak mijn gestamel. 'Ja, ik weet wie u bent.'

Ik meende een lachje in haar stem te horen. 'Gaat het goed met u?'

'Ja,' zei ik. 'Nee, ik moet naar de IND. Ze willen me terugsturen naar Marokko. U moet me helpen, mevrouw Stebut.' Zoals altijd vergat ik het 'von' in haar naam.

'Waar bent u?' vroeg mevrouw von Stebut.

Ik vertelde haar waar ik was en ze noemde een plek in de buurt waar we elkaar konden ontmoeten. 'We moesten maar eens praten,' zei ze.

'Ja, we moeten praten,' zei ik. Ik moest bijna huilen van opluchting.

Ons gesprek vond de volgende dag in een café plaats. Ik was er al lang voor de afgesproken tijd, want ik was bang dat ik mevrouw von Stebut misschien misliep. Bovendien moest ik de vreemdste capriolen uithalen om Walter af te schudden en ging ik altijd iets vroeger van huis. Net als een geheim agent op de vlucht, sprong ik op het laatste moment de metro in, spurtte ik door warenhuizen en verstopte ik me bij achteruitgangen.

Eindelijk kwam mevrouw von Stebut binnen. Ze luisterde geduldig naar mijn warrige verhaal. Ik had de indruk dat ze het meeste al wist en dat klopte, want later bleek dat Walter regelmatig telefonisch contact met haar had gehad.

'Voelt u zich goed bij die Robert?' vroeg mevrouw von Stebut.

'Ja, ik hou van hem,' zei ik. Maar terwijl ik het zei, voelde ik dat het niet helemaal waar was. Ik hield van Robert, dat was waar, maar wat ons het meest verbond was de strijd tegen Walter. Tegelijkertijd voelde ik dat Robert niet sterk genoeg was om me te beschermen.

'Ik hou van hem, maar…' zei ik.

'Maar?' vroeg mevrouw von Stebut.

'Maar…' Ik kon mijn 'maar' niet uitleggen. Hoe meer ik probeerde mijn zorgen onder woorden te brengen, hoe groter ze werden.

Mevrouw von Stebut zag me worstelen. Ze zei: 'Weet u wat? Waarom komt u niet eerst een tijdje naar het blijf-van-mijn-lijfhuis? Ik bespreek het met mijn collega's en u belt me morgen.'

Ik voelde me plotseling zo licht als een veertje. 'Al hamdoe li-ilahi,' prevelde ik onhoorbaar. Hardop zei ik: 'Bedankt, dank u wel, dank u.'

Drie dagen later zat ik weer in het blijf-van-mijn-lijfhuis. Dit keer had ik een eigen kamer op de eerste verdieping. De kamer was veertien vierkante meter groot en had een bed, een tafel, twee stoelen, een kast en een piepkleine wc met een wastafel en een spiegel. Douches en telefoon waren aan het eind van de gang.

Robert vond het kennelijk prima dat ik niet meer bij hem woonde. De voortdurende aanvaringen met Walter en de dreigbrieven van de IND waren hem een beetje te veel van het goede geweest. Maar hij beloofde wel dat hij me uit Marokko zou komen halen als ik Duitsland zou worden uitgezet.

Zover wilde ik het niet laten komen. In maart 1995 ging ik samen met Robert op weg naar de Ruppertstraße in München, waar de IND gehuisvest is in een reusachtig betonnen gebouw. De IND stond bij de buitenlanders in München niet goed bekend. De ambtenaren waren streng en harteloos, zei men. Ik bereidde me dus goed op mijn bezoek voor. In mijn donkerpaarse broekpak, dat ik van een kennis uit Agadir die nu in Düsseldorf woonde cadeau had gekregen, zag ik er erg serieus uit. Ik droeg er platte schoenen bij. Mijn papieren zaten in mijn rugzak.

De vrouwelijke ambtenaar bij wie ik een afspraak had, was heel anders dan ik had verwacht. Ze was niet afwijzend en ook niet harteloos, ze was juist heel meelevend. Toch was mijn geval nogal ingewikkeld. Ze gaf me weinig hoop dat ik in Duitsland zou mogen blijven.

'Is er dan geen andere mogelijkheid?' vroeg ik.

'Ik ben bang van niet,' was haar antwoord.

Robert en ik verlieten gedeprimeerd het kantoor en besloten Khadoesh op te zoeken, die er met haar hartelijkheid al vaker in geslaagd was me op te beuren.

'Ha!' zei ze toen ze ons verhaal had gehoord. 'Ik heb een prima idee voor jullie. Ik weet hoe je in Duitsland kunt blijven, Ouarda.'

'Hoe dan?'

'Doe het maar net zoals ik. Ik heb een kind gekregen.'

'Ja, en dan?'

'Als je een kind krijgt van een Duitser, mag je blijven. Kijk mij maar: ben ik in Duitsland of in Marokko? Nou, dat bedoel ik dus, al hamdoe li-ilahi.'

'Al hamdoe li-ilahi,' mompelde ik.

Het bleek zo te zijn als Khadoesh ons had verteld. Als een van de ouders Duits is, krijgt de baby de Duitse nationaliteit en de moeder kan dan het land niet worden uitgezet.

Robert was meteen helemaal enthousiast. Hij begon zelfs over trouwen. Ik vond het ook geen gek idee om een kind te krijgen. Ten eerste hield ik van Robert ondanks een paar kleine dingetjes en ten tweede was het in Marokko niet ongewoon om op je een-entwintigste moeder te worden. Ten derde had ik inmiddels veel plezier bij het maken van een kind en ten vierde, maar dit speelde meer op de achtergrond, zou ik met een kind nooit meer alleen zijn. Zoals gezegd, daar was ik me op dat moment nog niet zo heel erg van bewust.

Vier weken later liet de zwangerschapstest zien dat we ons doel hadden bereikt en keek ik dagelijks of mijn buik al groeide. In de zesde zwangerschapsweek had ik al het idee dat mijn buik boller werd. Ik was helemaal gelukkig. Ik wist dan ook niet wat me allemaal nog te wachten stond.

Ik herinner me maar weinig van mijn zwangerschap. Zoals ik er nu tegenaan kijk, was het een heel banale fase, hoewel er toch nieuw leven in me groeide dat uiteindelijk alles zou veranderen en van ongekende betekenis voor me zou worden. Met de geboorte van mijn zoon zou ik eindelijk niet meer alleen zijn. Nooit meer.

Maar tot dat moment was aangebroken, was ik eenzamer dan ooit. Ik had weliswaar een vriend, maar die bleek in toenemende mate moeilijker dan verwacht. In plaats van me te ondersteunen en me kracht te geven, moest ik de weinige energiereserves die ik had met hem delen. Het werd steeds duidelijker dat Robert meer een extra last dan een oplossing voor mijn problemen was. Ik was op zoek geweest naar een partner die me kon beschermen, iemand bij wie ik me veilig en geborgen kon voelen. Nu bleek dat Robert hetzelfde bij mij zocht. We waren dus eigenlijk uit hetzelfde hout gesneden, maar vooral wat onze zwaktes betrof. Ik twijfelde er steeds meer aan of onze relatie wel een toekomst had. Robert was al helemaal van slag bij de kleinste dingen. Hij kreeg bijvoorbeeld een keer een bekeuring wegens verkeerd parkeren. Daar was hij vervolgens dagenlang depressief van.

'Vind je het niet een beetje overdreven?' vroeg ik. 'Het is toch maar een boete?'

'Ik? Overdreven? Je weet toch dat ik geen geld heb. En nu jatten ze ook nog mijn laatste centen. Je moet oppassen met ze, hoor! Natuurlijk wind ik me daarover op!'

Als er iets misging, nam Robert het meteen persoonlijk. Boetes voor automobilisten? Alleen maar bedacht om hem te pesten. De prijs van sigaretten? Een gemene truc om hem als roker het leven zuur te maken. Waarschijnlijk was ik voor Robert ook een straf van God, die speciaal uit Marokko was gekomen om hem op een zwak moment te pakken.

Walter deed nog steeds erg zijn best Robert onder druk te zetten. Mij liet hij met rust vanaf het moment dat hij van mijn zwangerschap hoorde. In plaats daarvan belde hij Robert en die vertelde mij hoe die gesprekken verliepen.

'Weet je zeker dat het jouw kind is?'

'Natuurlijk.'

'Dan zul je wel schrikken van de vaderschapstest die ik eis.'

En dan was Robert opeens helemaal niet meer zeker van zijn zaak en achtervolgde hij me met argwanende blikken. Nee, erg veel zelfvertrouwen had hij niet.

Robert had ook een paar eigenschappen waar ik me aan stoorde. Hij was bijvoorbeeld het liefst thuis. De hele avond kon hij met zijn computers en zijn spelletjes bezig zijn. Of hij keek videootjes die zijn moeder voor hem had opgenomen. In het weekend knutselde hij aan zijn auto, een Golf, en ik was er verbaasd over hoeveel hij in dat ding stak hoewel hij steen en been klaagde over de kosten van de benzine. Elke meter die Robert moest afleggen reed hij met de auto. Hij reed er zelfs mee naar het café op de hoek.

In het blijf-van-mijn-lijfhuis voelde ik me ook niet erg geborgen. Ik had er geen vriendinnen, maar die miste ik eerlijk gezegd ook niet. Mijn enige contacten waren mevrouw von Stebut en het ongeboren kind in mijn buik.

Ik praatte met mijn baby. Als Robert weer eens vreselijk was en ik mijn toevlucht zocht in het blijf-van-mijn-lijfhuis, zei ik tegen mijn buik: 'Maak je maar geen zorgen, we redden het wel, als het moet ook zonder Robert. Ik zorg voor je, beloofd.'

De baby schopte en deed me pijn.

'Niet boos zijn,' zei ik. 'Ik hou van je, voor eeuwig en altijd.'

Waarschijnlijk vonden de overige bewoonsters in het blijf-van-mijn-lijfhuis me maar een vreemde vogel. Dat kon me niets schelen. Ik wilde een liefdevol contact met mijn kind.

In Roberts appartement stond een grote stereotoren. Als ik er was, hield ik mijn buik voor de luidspreker en kreeg de baby *You Drive Me Crazy* van Shakin' Stevens voor de kiezen tot ik het niet meer uithield en zelf begon te dansen. Maar meestal was ik daar te misselijk voor. Achteraf gezien was mijn zwangerschap een lange periode van misselijkheid. Normaal worden zwangere vrouwen misselijk in de auto van bochten rijden. Ik werd al misselijk van rechtdoor rijden of in de metro zitten en zelfs als ik op een stoel zat. Ik geloof niet dat er in München een plek bestaat waar ik niet iets van mijn maaginhoud heb achtergelaten.

Ik vermoed dat mijn ontstemde maag een symptoom is geweest voor de ontstemming in mijn leven op dat moment. Ik had Marokko verlaten, maar was nog niet echt in Duitsland aangekomen. Ik had een man gehad en weer verloren. Ik was een nieuw leven begonnen, maar was er niet zeker van of ik dat wel aankon. Ik had een vriend gevonden, maar twijfelde aan onze relatie. En ik droeg een kind onder mijn hart van wie de toekomst net zo onzeker was als de mijne.

Als ik heel eerlijk was, had ik niet meer bereikt dan de vlucht uit een ellendige jeugd. Maar tijdens de maanden voor de geboorte was ik er niet zeker van of die vlucht wel zo'n succes was. Wat had ik nou helemaal in Duitsland? Een dikke buik, een kamertje in het blijf-van-mijn-lijfhuis, vijfhonderd mark bijstand, een ex, een depressieve vriend zonder geld, voortdurend slecht weer en in de verste verte geen oceaan. De Starnberger See, ja, dat was water, maar dat was het wel zo'n beetje. Ik werd er bijna zwaarmoedig van. Maar dan was Robert weer zo lief. Of zijn moeder Gisela, een struise Beierse vrouw van dik in de veertig die twee etages boven Robert woonde. Ze werd een vriendin voor me. Ze kocht een broek voor me die ze zelf ook had en ging met me uit. Ze zorgde ervoor dat ik me niet zo eenzaam voelde.

Op de avond van 20 februari, vier dagen nadat ik was uitgerekend, had ik regelmatige weeën en lichte bloedingen. Helemaal in paniek reden Robert en ik naar het ziekenhuis. Maar daar was men niet van plan mij op te nemen.

'U kunt wel weer naar huis,' werd er bars gezegd. 'Komt u morgen maar terug. Het is nog niet zover.'

Teleurgesteld, bang en hulpeloos reden we terug naar huis. Ik had een arm om mijn schouders nodig, iemand die zei dat het allemaal goed zou komen. Maar niemand stelde me gerust. Robert verdween de slaapkamer in met de woorden: 'Ik heb ook slaap nodig!' Dus slofte ik de hele nacht alleen met mijn dikke buik door de kamer en gaf ik over in de badkamer, waar we de schimmel niet van de muren kregen. Ik had de muren nog geschilderd, maar het had niet geholpen. Robert kon er niet mee zitten, maar het idee dat ik schimmelsporen inademde en dat die op die manier ook bij mijn ongeboren kind kwamen, maakte me nog misselijker.

De volgende dag om twee uur 's middags ging ik samen met Robert de verloskamer van het ziekenhuis binnen. Ik was blij dat hij bij me was. Om 20.09 uur werd Samuel geboren. Het was 21 februari 1996, de dag die mijn leven – opnieuw – volledig veranderde.

1996 was mijn geluksjaar. Ik baarde een gezond kind, kreeg een eigen appartement, scheidde van Walter en ik opende mijn eerste eigen bankrekening.

Samuel was een makkelijke baby, afgezien van de krampjes die me uit mijn slaap hielden 's nachts. Overdag lachte hij zo lief dat hij die gemiste slaap ruimschoots goedmaakte. En hij maakte nog meer goed: Samuel had de Duitse nationaliteit. Ik bracht het uittreksel uit het geboorteregister langs bij de IND en vanaf dat moment waren mijn problemen met de verblijfsvergunning voorbij. Ik kon me eindelijk op mijn leven in Duitsland concentreren zonder elke dag bang te zijn dat ik het land zou worden uitgezet.

Natuurlijk kreeg ik niet meteen een verblijfsvergunning voor onbepaalde tijd, maar dat had ik ook niet verwacht. Ten eerste waren we in Beieren en daar gaan de dingen soms anders dan in andere delen van Duitsland. Ten tweede was ik blut en had ik geen baan. De Duitse staat moest in de buidel tasten en mij bijstand betalen. Niemand kon toen weten dat ik het ooit ruimschoots goed zou maken en genoeg zou verdienen om al dat geld via de belasting terug te betalen.

Eigenlijk had ik alleen maar positieve ervaringen met de Duitse ambtenarij. De medewerkster bij de IND behandelde me vriendelijk. Ik had nog geen bankrekening geopend of het eerste bedrag van de sociale dienst was al binnen. Huisvesting zorgde voor mijn eerste eigen woning: een tweekamerappartement in een flat in het noorden van München. En toen ik daar in april met Samuel naartoe verhuisde, had ik niet alleen voor het eerst van mijn leven een eigen stek, ik was ook de enige met een sleutel.

Na de verhuizing stond de scheiding van Walter op het programma. Ik was heel zenuwachtig en had speciaal voor de gelegenheid een streng grijs mantelpakje bij een groot postorderbedrijf besteld. Helaas was de rok te lang en moest ik de boord omslaan, waardoor het er allemaal niet zo stijlvol uitzag als ik had gewild. Toch vond ik dat ik er met mijn mantelpak en een kunstleren map uitzag als een advocate.

Terwijl Samuel bij Robert was, ging mevrouw von Stebut met me mee naar de rechtbank. Walter had zijn best gedaan om er jong uit te zien. Hij droeg een wijd openstaand overhemd, gouden kettinkjes en hij had een walkman op. Hij zei geen woord tegen me. De rechter was niet onder de indruk van mijn mantelpakje en ook niet van Walters walkman. Binnen een paar minuten waren we gescheiden. Ik had niets geëist, Walter had al genoeg voor me gedaan.

Ik voelde me heerlijk vrij nu alles voorbij was. Geen spionerende Walter meer, een eigen appartement, financieel onafhankelijk dankzij de sociale dienst, een verblijfsvergunning dankzij Samuel en een vriend die weliswaar nog een rol in mijn leven speelde, maar van wie ik niet meer hield. Samuel had mijn hart veroverd en ik concentreerde me volledig op hem. Voor het eerst van mijn leven voelde ik me heel belangrijk. Mijn kind was het beste wat me ooit was overkomen. Ik dacht terug aan mijn eigen kinderjaren en het abrupte einde daarvan met de moord op mijn moeder. En terwijl Samuel heerlijk tevreden aan mijn borst sabbelde, besloot ik dat ik alles voor dit kleine mensje overhad. Ik zou mijn leven wijden aan Samuel.

Als Samuel sliep, leerde ik Duits. Ik ploos grammaticaboeken uit, luisterde naar cassettebandjes en leerde uit het kinderwoordenboek dat ik van Walter had gekregen. Sinds ik in Duitsland was, had ik gemerkt hoe weinig ik wist, vooral van de Europese geschiedenis en cultuur. Daar had ik in Agadir op school nooit iets over gehoord. Ik kende de geschiedenis van Mohammed en het Morgenland uit mijn hoofd, maar van het Avondland wist ik niets.

Ik begreep heel goed dat ik er nooit helemaal bij zou horen als ik niet perfect Duits beheerste. En dat wilde ik, erbij horen. Ik had een punt gezet achter mijn Marokkaanse verleden en bereidde me voor op een Duitse toekomst. Als ik in de stad toevallig iemand Marokkaans hoorde praten, deed ik net of ik het niet verstond. Ik zocht een nieuwe identiteit door mijn oude identiteit te verloochenen.

Nu schaam ik me daar wel een beetje voor, maar ik herinner me dat ik dat als kind al deed. Ik had een fantasietaal bedacht die ik op het strand uitprobeerde op Europese kinderen. Ik wilde Europees lijken en vond dat mijn taal erg Europees klonk. '*Anama andisch, anma adi oeh ada kaib*,' zei ik. Ik deed dit overigens alleen als we net bij Terre des Hommes waren geweest om nieuwe kleren te halen en ik spullen had gekregen waarvan ik vond dat ze er erg Europees uitzagen.

'Hè?' zeiden de Europese kinderen.

'*Kalamoe mala mo!*'

'Mama, dat meisje is gek!' riepen de kinderen. Ik kon ze niet voor de gek houden. En dat lag niet alleen aan mijn taaltje. Door de Marokkaanse zon was ik bijna zwart en Europese kinderen zitten niet onder de luizen.

Nu had ik nog steeds een donkere huid, maar ik waste mijn haar met dezelfde shampoo als de Duitse meisjes en mijn kleding kwam net als de kleding van Duitse meisjes van H&M en Pimkie of een andere winkel uit de winkelstraten van München. Mijn Duits was nog niet helemaal perfect, maar ik sprak het bijna accentloos en mijn kind had een blanke huid. Ik was dan ook verontwaardigd dat ik niet zo werd behandeld als de mensen om me heen.

De bezoekjes aan de IND werden in toenemende mate frustrerend. De vriendelijke medewerkster was verdwenen en haar opvolger was een slechtgehumeurde man met een dikke bril op, die zijn zinnen nooit afmaakte.

Ik klopte. 'Pardon…'

De man keek niet op van zijn werk. 'Buiten wachten!'

'Maar ik heb een baby.' Op een bordje in de wachtruimte stond dat moeders met baby's sneller aan de beurt kwamen.

'Buiten wachten!' zei de man nog een keertje bars.

Toen ik aan de beurt was, werd het niet beter.

'Spreekt u Duits?' De man keek nog steeds niet op van zijn bureau.

'Ja, ik ken Duits.' Uit angst dat deze lelijke, onsympathieke man problemen zou kunnen veroorzaken, sprak ik met mijn liefste stem. Het hielp niet veel.

'Wat wilt u?' blafte hij.

Ik zei waarom ik gekomen was, waarna de man met zichtbaar veel weerzin zijn werk deed. Ik had altijd het gevoel dat ik ongewenst was. Tegenwoordig zou ik me tegen deze vorm van alledaags racisme verzetten, maar destijds durfde ik dat niet, omdat ik de situatie niet kon inschatten. Ik kende mijn rechten en plichten niet precies. Nu weet ik dat deze man zijn positie misbruikte om me bang te maken en me te vernederen.

Ik heb in München nooit te maken gehad met agressief racisme, zoals dat in Oost-Duitsland momenteel erg heerst. Als ik daar na lezingen uit mijn eerste boek *Dochter van Agadir* alleen over straat moest, was ik altijd erg op mijn hoede. In het donker liet men mij nooit zonder begeleiding naar mijn hotel gaan. Het was veiliger zo, vond men. En dat was nog niets vergeleken bij de dingen die er op internet over me verschenen in Oost-Duitsland. Daar vertelde ik al over.

In München heb ik zulke dingen nooit meegemaakt. Ik ben nooit bespuugd of het slachtoffer geworden van fysiek geweld, wat in Oost-Duitsland kennelijk nog tot de minder erge dingen behoort. Toch voelde ik in Beieren soms wel een soort onderhuidse vijandigheid. Samuel huilde bijvoorbeeld ooit een keer opstandig in de metro omdat hij niet in de buggy wilde blijven zitten, maar met zijn korte beentjes tussen de andere passagiers wilde staan en zich wilde vasthouden aan de stang, net als de andere volwassenen. Ik zei streng: 'Nee, dat is te gevaarlijk. Als de metro remt, val je. Ga in de buggy zitten, vooruit!'

Een dame met een chic kapsel bemoeide zich ermee. 'Typisch!' mopperde ze. 'Jullie worden hiernaartoe gehaald en dan behandelen jullie onze kinderen slecht!'

Ik stond versteld. Wat bedoelde die mevrouw? Ik keek Samuel aan en zag zijn blanke huid. Daarna keek ik naar mijn armen: zwart van de zomerzon. Ah, ik snapte het al, die vrouw dacht dat ik de au pair was, of een kindermeisje. Maar ik was de moeder! 'Sorry,' zei ik, 'maar dit is míjn kind.'

Ik vond dat ik goed had gereageerd, want de reactie van de vrouw had pijn gedaan. Ik had niet verwacht dat iemand dacht dat Samuel niet mijn kind was. Ik vond het vanzelfsprekend, maar de vrouw in de metro kennelijk niet.

In dit geval keken de overige passagiers nieuwsgierig toe. Niemand zei iets. Maar soms reageerden ze ook. Toen een ongeveer vijftigjarige man weigerde aan de kant te gaan terwijl ik probeerde Samuel in zijn kinderwagen de metro in te schuiven, bijvoorbeeld.

'Sorry, maar kunt u een stukje opschuiven?'

De man zei niets. Hij keek me uitdagend aan en maakte zich nog een beetje breder. Het werd gevaarlijk, want de deuren van de metro konden elk moment dichtgaan en de kinderwagen was al binnen, maar ik nog niet. Dat zagen een paar andere passagiers en ze reageerden meteen.

'Laat die vrouw toch instappen, man!' riep een vrouw. 'Wat u doet, is ronduit onbeschoft!'

'Nazi!' loeiden een paar studenten op de achtergrond.

Een krachtig uitziende Beier greep de kinderwagen, schoof de man zonder pardon aan de kant en zei in vet dialect: 'Uit de weg, sufferd!' En ik was binnen. Ik heb geen idee of de man een hekel had aan buitenlanders of aan kinderen, maar de meeste passagiers stonden aan mijn kant en dat gaf een goed gevoel.

Het meest ontheemd voelde ik me toen mijn oudere zus Jamila bij me op bezoek was uit Parijs. Ze droeg een hoofddoek en, ondanks de milde temperaturen, een lange donkere winterjas van mijn ex-man, om er zeker van te zijn dat de ongewenste blikken van vreemde mannen haar omvangrijke gedaante niet konden bezoedelen. Ik vond dat ze er nogal vreemd uitzag, maar was toch niet voorbereid op de reactie van mijn Duitse omgeving. De mensen fluisterden verontwaardigd of staarden ons aan. Een omaatje met een paraplu liet al van verre blijken dat haar niet beviel wat ze zag. En dat terwijl ík er heel westers uitzag. Ik had een spijkerbroek, sweatshirt en gympies aan en een baseballpet op mijn krullenbol. Het omaatje liet zich er niet door van de wijs brengen. Op een paar meter afstand stak ze haar paraplu als een zwaard de lucht in. Met een dodelijke blik stevende ze op ons af, niet van plan om ook maar een centimeter uit te wijken. Terwijl wij haar dus maar ontweken – wat een vernedering! – schuifelde ze tussen ons door en zei: 'Schijtbuitenlanders!' En alsof dat nog niet genoeg was, sloeg ze met haar paraplu tegen mijn bovenbeen.

Ik was zo geschokt dat ik niet snel genoeg reageerde. En toen ik kon reageren, was de vrouw allang in de mensenmenigte verdwenen.

'Zag je dat?' vroeg ik aan Jamila.

'Ja,' zei die heel relaxed.

'Dat is toch te brutaal voor woorden, vind je niet?'

'Ja,' zei Jamila weer.

'Ja, ja, ja! Kun je ook iets anders zeggen?'

'Wat dan?' vroeg Jamila. 'Zo zijn ze nou eenmaal, de ongelovigen. Je kunt er niets aan doen.'

Ik was bijna net zo verontwaardigd over het fatalisme van mijn zus als over het gedrag van het omaatje. Ik vind dat er actief en passief racisme bestaat en die oma was het voorbeeld van een actieve raciste. Mijn zus het voorbeeld van een passieve. Door het gedrag van die oma te dulden, accepteerde ze het gedrag. Daar was ik niet toe bereid.

Die avond praatten we nog een keer over wat er gebeurd was. Jamila was ervan overtuigd dat het niets helpt je te verzetten tegen die, wat zij noemt, christenen uit Europa. En dat vond ik eveneens racistisch van mijn zus.

'Tasuk'hit,' zei ze tegen me in het Berbers. 'Als ik me in Parijs elke keer zou opwinden als iemand raar tegen me doet, dan ben ik de hele dag bezig. Die lui willen geen buitenlanders in hun stad. *Oe'Allah* – in de naam van Allah, geloof me nou maar.'

Tasuk'hit is de koosnaam die Jamila mij heeft gegeven omdat ik de donkerste huid in ons gezin heb. Ze pest me er altijd mee. Ik neem altijd revanche door haar Tath'boust te noemen, dik mens, omdat ze in ons gezin de enige is met het typisch traditionele figuur – zo noemen we dat in Afrika – van een Marokkaanse.

Die avond werden we het niet eens. Toch houdt Jamila tegenwoordig haar mond niet meer. Ze woont nu al zo lang in Parijs dat ze weet hoe ze zich tegen racisme moet beschermen: ze is naar een buurt verhuisd waar bijna alleen maar Marokkanen wonen. Daar zijn de Fransen in de minderheid. Toen onlangs een lerares Jamila's hoogbegaafde dochter Shaima op school niet met het respect behandelde dat mijn zus verwachtte, zette ze het mens in uitstekend Frans op haar plaats en wel zo dat die haar excuses aanbood vóór ze wegens racisme zou worden aange-klaagd. De lerares is sindsdien poeslief tegen mijn nichtje.

Vernederend was ook hoe men mij behandelde toen Samuel naar de crèche ging en ik op zoek was naar werk. Ik had besloten dat ik mijn levensonderhoud zelf wilde verdienen en ik wilde wel weer eens onder de mensen zijn. Mijn relatie met Robert was stukgelopen, mijn financiële situatie kon duidelijk beter en ik zat alleen met mijn zoontje thuis. Zo had ik me mijn leven in Duitsland niet voorgesteld.

Ik solliciteerde bij een groot modehuis in de binnenstad van München. De lift bracht me naar de personeelsafdeling op de bovenste verdieping.

'Wat kan ik voor u doen?' vroeg de receptioniste.

Ik legde de vrouw mijn situatie uit en zei: 'Ik wil me oriënte-ren en vragen of ik niet een stage bij u kan doen. Misschien kan ik daarna, als alles goed gaat, dan een opleiding bij u beginnen.'

De vrouw noteerde mijn gegevens. 'Goed,' zei ze, 'wij bellen u morgen.'

Terwijl de vrouw met me sprak, kwam er een knappe oudere man met grijs haar en een zwart pak aan bij ons staan. Hij had een wit schoothondje op zijn arm. Zwijgend leunde hij schuin achter me tegen een bureau. Afwezig aaide hij zijn hondje. Het was een houding die ik alleen maar kende uit oude films.

Plotseling priemde hij met zijn wijsvinger naar me. Hij riep: 'Wat doe je hier? Waar kom je vandaan? Je bent vast een asiel-zoekster! Wat heb je in je eigen land gedaan dat je hiernaartoe moest vluchten?'

Ik stond helemaal perplex. Eerst keek ik om of hij mij wel be-doelde. Maar ik was de enige buitenlandse in de ruimte. Hulp-zoekend keek ik de receptioniste aan. Maar die was net zo ge-schrokken als ik. Met grote ogen keek ze naar de man met de hond. Ze zei geen woord. Ik geloof dat ze bang was dat de hele si-tuatie uit de hand liep. Hier klopte iets helemaal niet. De sfeer was kapot. Ik voelde hoe mijn ogen vol tranen liepen, dat haatte ik. Ik wilde niet dat iemand mijn tranen zag.

'Wie bent u?' riep ik. 'Wat geeft u het recht zo met me te spreken?'

'Ik ben de eigenaar,' baste de man en hij noemde zijn naam.

Ik keek de man aan, van wie ik nu weet dat hij lid is van een conservatieve christelijke splinterpartij die het nog nooit gelukt is op provinciaal niveau, laat staan op landelijk niveau, in de regering te komen. Wat een vreselijke man, misselijkmakend gewoon, met zijn zwarte pak en zijn keffertje, een Afrikaans meisje aanvallen dat niets anders wil dan iets van haar leven maken.

'Ik ben blij dat ik u vandaag al heb mogen ontmoeten,' zei ik en ik hoopte dat hij mijn tranen niet zag. Ik draaide me op mijn hakken om, rende de trappen af naar buiten en liep met tranen in mijn ogen door de winkelstraat tot mijn teleurstelling omsloeg in woede en ik de dingen weer helder kon zien.

'Alsjeblieft, Allah,' fluisterde ik, 'laat hem voelen wat ik nu voel, zodat hij weet hoeveel pijn het doet. *Ya'rabbi* – God, verhoor me.'

Nog diezelfde dag kreeg ik een telefoontje van de personeelsafdeling van de winkel. Ik nam de telefoon niet op. Het bericht stond op mijn antwoordapparaat: 'Wij willen u graag uitnodigen voor een sollicitatiegesprek.' Daarna werd het tijdstip genoemd. Ik heb het bericht van mijn antwoordapparaat gewist en heb nooit meer een stap in die winkel gezet.

DEEL III

München – Agadir

(1996–2007)

ZWARTE MAGIE

Vroeger vond ik het altijd heel spannend als de *safarians* in de zomer naar Marokko kwamen. Dat waren Marokkanen die ergens in het buitenland woonden en die in augustus met grote auto's en een enorme hoeveelheid koffers en geld Agadir binnenvielen. Ik bewonderde hun manier van leven. Ze leken me zo rijk en vrij en ik wilde net zo zijn als zij. Ik ontdekte in Duitsland al snel dat dit plaatje niet klopte, dat je niet zomaar vanzelf rijk werd en dat veel van onze safarians waarschijnlijk het hele jaar kromlagen om in hun thuisland in Noord-Afrika dikdoenerig te doen. Toch droomde ik er stiekem van dat als ik ooit zou terugkeren naar de Rue el Ghazoua, het een triomftocht zou zijn. Ik wilde er terugkeren als sterke, mooie en rijke vrouw, dat had ik bij mezelf gezworen. Ik wilde niet terugkeren als de onzekere jonge vrouw die in 1993 op het vliegtuig was gestapt om een nieuw leven in den vreemde te beginnen. Na drie jaar München, vond ik dat ik klaar was voor mijn missie. Ik was weliswaar een bijstandsmoeder, maar ik voelde me rijk, vrij en sterk.

Mijn grote zus Rabiaa, die in de Verenigde Arabische Emiraten bij een autobedrijf werkte en die mij en Samuel in München was komen opzoeken om te kijken of het goed met ons ging, vond het een goed idee. Sinds mijn oudste zus Mouna, die in België woont, niets meer met ons te maken wil hebben, is Rabiaa mijn oudste zus. Na de dood van mijn moeder is Rabiaa altijd mijn trouwste maatje geweest. Haar bezoek was dan ook heel belangrijk voor me.

De nacht voor haar aankomst deed ik geen oog dicht. Mijn Rabiaa! Mijn grote zus! Ik wilde haar bewijzen hoe goed het met me ging en hoe goed ik alles onder controle had. En dat ik niet was veranderd en dat ik de normen en waarden die zij me als klein meisje had geleerd, niet was vergeten. We hadden wat strubbelingen gehad de laatste tijd, omdat Rabiaa niet kon begrijpen waarom ik niet verder kon met Walter. Ik was bang dat ze vond dat ik me er gemakkelijk vanaf had gemaakt, dat ik onverantwoordelijk had gehandeld. En dat had ik niet. Ik was jong en onervaren, maar ik had de juiste beslissing genomen, vond ik.

Een paar uur voor Rabiaas aankomst zette ik Samuel in de kinderwagen om met de metro naar het vliegveld te rijden. Het was een ommelandse reis en ik wilde niet te laat komen. Toen Rabiaa door de schuifdeuren naar buiten kwam, herkende ik haar nauwelijks. Ze was heel modieus gekleed in een spijkerbroek en een t-shirt en ze was ontzettend knap. We vielen elkaar in de armen en ze hield me vast als een moeder. Voor het eerst sinds lange tijd voelde ik me geborgen. Helaas bleek al snel dat Rabiaa door de opwinding was vergeten haar bagage mee te nemen. Het kostte ons een uur om haar terug te krijgen in de *security area*. Maar toen ze uiteindelijk met koffer en al naar buiten kwam, konden we beginnen met de sightseeing tour door mijn nieuwe vaderland. We reden met de metro van de prachtige nieuwe luchthaven naar de stad en ik was opgetogen dat Rabiaa onder de indruk was van hoe schoon en mooi München was.

Ik had heel veel boodschappen gedaan en ik had eten gemaakt. Ik genoot van het respect dat Rabiaa voor me had. Ze vond mijn appartement mooi, ze vond mijn zoon prachtig en ondertussen snapte ze ook waarom ik had gedaan wat ik had gedaan. Ze waardeerde mijn kleding, het feit dat ik niet rookte en dronk en de manier waarop ik met mijn zoon omging. Ik geloof dat ze versteld stond hoe goed ik me er alleen doorheen sloeg. Dat had ze van haar kleine zus niet verwacht, geloof ik. De schaduw die op onze relatie had gerust, verdween. Met Rabiaa aan mijn zijde voelde ik me onoverwinnelijk.

Door een fout van de sociale dienst kreeg ik mijn schamele maandelijkse bijstand in die periode dubbel. Financieel stond ik er dus rooskleurig voor. Toen ik de fout ontdekte en de verantwoordelijke medewerker van de sociale dienst erop wees, vond deze de hele kwestie zo onaangenaam dat hij zei: 'We hebben het er maar niet meer over.' Vanaf de maand daarna kreeg ik weer het correcte bedrag op mijn rekening, maar door de fout had ik genoeg geld om serieus een vlucht naar Agadir te kunnen boeken. Ik wist niet dat het verboden was om met bijstand op vakantie te gaan. Dat hoorde ik pas toen ik terug was en ik de sociale dienst, naïef als ik was, vrolijk begon te vertellen over mijn reis. De man werd bleek en stamelde: 'Dat had u niet mogen doen.' Maar toen was het al te laat.

'Je zult zien dat de dingen zijn veranderd in Agadir,' zei Rabiaa. 'Je zult het enig vinden.'

'Maar oom Hassan en tante Zaina zijn vast niet veranderd,' zei ik. 'Ik ben nog steeds bang voor ze.'

'Ook zij zijn ouder en toleranter geworden. En ze hebben ingezien dat ze vroeger fouten hebben gemaakt.'

'Ik weet niet of ik kan vergeten hoe rot ze tegen me deden. Ze hebben me behandeld als een stuk vuil.'

Toen Walter mij drie jaar geleden een aanzoek deed, had hij oom Hassan om toestemming moeten vragen, omdat mijn vader nog in de gevangenis zat. Het is onmogelijk met een Marokkaans meisje te trouwen zonder van tevoren met het hoofd van de familie te hebben onderhandeld. Oom Hassan had meteen in de gaten dat er geld te halen viel. Hij verkocht me aan Walter alsof ik een stuk vee was en deinsde er niet voor terug om op het laatste moment mijn paspoort met visum nog een keer af te pakken totdat Walter opnieuw in de buidel tastte. Pas nadat Walter oom Hassan voor de tweede keer een envelop met geld had gegeven, mocht ik Agadir verlaten. Ik was bij deze koehandel aanwezig en voelde me vreselijk. Ik wilde uit liefde met Walter naar Duitsland en mijn oom maakte er een smerig zaakje van waardoor mijn relatie al in het begin onder druk kwam te staan. Mijn huwelijk werd door mijn oom en tante door het slijk gehaald. Alsof ze al niet genoeg hadden gedaan om me mijn waardigheid, zelfbewustzijn en levensvreugde te ontnemen. Systematisch hadden ze geprobeerd mijn broer, zusjes en mij kapot te maken. Ik wist zeker dat ik ze nooit meer zou kunnen respecteren.

'Geef ze een kans,' zei Rabiaa.

'Waarom?' vroeg ik. 'Waarom zou ik uitgerekend deze slechte mensen een kans geven?'

'Omdat het je familie is,' zei Rabiaa. 'Meer familie heb je niet, ze zijn alles wat je hebt. En vergeet niet hoe belangrijk *silat ar-rahim* is.'

Silat ar-rahim is de islamitische plicht een goede relatie met de directe familie te onderhouden, onafhankelijk van het gedrag van de leden ervan. In soera 16 *An Nahl*, De Bijen, staat:

'God gebiedt rechtvaardig te handelen, goed te doen en aan verwanten giften te geven en Hij verbiedt wat gruwelijk, verwerpelijk en gewelddadig is. En Hij maant dat u er lering uit trekt.'

Vaak worden de soera's aangevuld met overleveringen van Mohammed – Allahs zegen en vrede zij met hem (als de naam van Mohammed in de islam wordt genoemd, gaat die altijd vergezeld van deze aanvulling). Wij noemen deze overleveringen *ahadith*. Ook over het onderwerp familie bestaan ahadith, bijvoorbeeld de volgende (met een dreigende ondertoon):

'Degene die met bloedbanden breekt, wordt de toegang tot het paradijs ontzegd.'

Ik had geleerd de islamitische regels te vertrouwen als ik ergens over twijfelde. Bovendien haatte ik mijn familieleden niet, ik verachtte ze. En dat was voor mij geen reden om niet naar mijn familie terug te keren. Het was mijn plicht en ik wilde het zo. Ik wilde mijn familie laten zien dat ik het had gemaakt en ik hoopte dat de dingen inderdaad beter waren geworden.

Toen ik in Agadir landde, stond de hele familie me op te wachten. Onder leiding van oom Hassan, waren tante Zaina en mijn neven en nichten met twee auto's naar de luchthaven gekomen. De massale opkomst had waarschijnlijk iets te maken met de rijkdom die men bij mij vermoedde. Tenslotte kwam ik uit het welvarende Duitsland en iedereen in Marokko denkt dat de mensen daar uitsluitend in villa's wonen en in een Mercedes rondrijden. Toen mijn zus Mouna nog contact met de familie had, kwam ze altijd met een eigen auto uit België aangereden, met op het dak soms zelfs nog een vaatwasser of een wasmachine. Mijn familie keek dus erg sip toen ik met Samuel in zijn buggy en maar één koffer door de douane kwam aanzetten.

'Salaam aleikum,' riep mijn oom. Hij lispelde een beetje want hij had niet meer zoveel tanden. 'Is dat alles? Na drie jaar maar één koffer?'

'En erg groot is hij ook niet,' schamperde mijn tante.

Mijn nichtjes leken tenminste oprecht blij me te zien. Had Rabiaa dan toch gelijk? Was er echt iets veranderd? Ik wist het niet zeker. Ergens knaagde er iets, ik vertrouwde de boel niet. En mijn wantrouwen was terecht, zo bleek.

Mijn neven en nichten legden meteen volledig beslag op me. Ik had nauwelijks de tijd om voor mijn zoon te zorgen. Voor mijn zussen en broer, die ook in Agadir waren, had ik al helemaal geen tijd. Ik leek wel high. Elke avond ging ik met mijn nichtjes stappen en kwam ik in louche tenten waar ik vroeger nooit naar binnen zou zijn gegaan. Ik ging zo op in het feestgedruis, dat ik op een gegeven moment zelfs vergat Samuel de borst te geven. Op straat ontdekte ik dat mijn bloes helemaal nat was van de melk die uit mijn tepels druppelde. Het stoorde me maar heel even. Jamila zorgde voor Samuel dus het zat wel goed.

Ik had belangrijkere dingen te doen. Ik moest op pad, shoppen, nog meer cadeaus kopen, want voor mijn familie was de inhoud van mijn koffer veel te min geweest.

Bij mijn oom en tante thuis werd steeds geld van me gejat en toen ik op een gegeven moment helemaal blut was, begon men mijn spullen van me af te troggelen.

Mijn nichtje riep: 'Wat een enige bloes heb je aan, zeg!'

'Ja, vind je hem mooi?' vroeg ik gretig. 'Wil je hem hebben?' En nog voor mijn nichtje kon antwoorden, had ik de bloes al uit-getrokken en hem haar in handen gedrukt.

's Nachts kon ik niet slapen. Ik lag maar te draaien en te woe-len. Mijn zoon voelde mijn onrust en bleef maar huilen. Ik kon hem niet troosten.

Jamila werd het allemaal te gortig. Ze schreef soera 113 *Al Fa-laq*, de Doorbraak, in piepkleine lettertjes op een stukje papier. Dat plakte ze met een stukje plakband aan een koordje dat ze om Samuels halsje hing. De Doorbraak is een gebed ter bescher-ming tegen het kwaad:

'In de naam van Allah, de Barmhartige, de Genadevolle,
Zeg: Ik zoek mijn toevlucht bij de heer van de dageraad.
Tegen het kwade van de duisternis, wanneer deze zich ver-spreidt,
En tegen het kwade van degenen die vaste banden door bo-ze inblazingen willen ontbinden
En van het kwade van de afgunstige wanneer deze benijdt.'

'Ik geloof dat je betoverd bent,' zei Jamila tegen me. 'Moge Allah zich over je ontfermen.'

Ik kreeg het gevoel dat Jamila gelijk had. Ik kende mezelf niet meer. En op het dak van ons huis stonk het vaak vreselijk naar verbrand haar en naar verbrande planten en kruiden.

'Het gaat niet om jou!' riep mijn tante, want zij was degene die de hele tijd zat te stoken op het dak. 'Het gaat om Habiba. Die heeft weer eens problemen met haar vriendje!'

Tante Zaina vond zichzelf een specialiste in zwarte magie. Vroeger was ze altijd al bezig geweest met allerlei magische kruiden. Inmiddels scheen ze meer ervaring te hebben. In elk geval had ik voortdurend hoofdpijn, verloor ik binnen drie weken tien kilo en leed ik aan slapeloosheid, nervositeit en paniekaanvallen. Ik voelde me overgeleverd aan een griezelige, boosaardige kracht waar ik me niet tegen kon verzetten.

Hoewel bijgeloof in de islam uitdrukkelijk verboden is, geloven vele moslims in een soort voodoo. In Marokko wordt dat *s'hour* genoemd, magie. Op internet kun je er voorbeelden van vinden. Ik heb geen idee of het echt werkt, maar in Marokko zijn veel mensen ervan overtuigd dat je met s'hour macht over anderen hebt. En dat is in een maatschappij waar veel mensen het gevoel hebben dat ze machteloos staan, kennelijk heel invloedrijk. Marokko is een *newly industrialized country*, een NIC. Macht en rijkdom zijn in handen van een paar mensen. De overgrote meerderheid van de bevolking is machteloos en afhankelijk. Vijftig procent van de bevolking is analfabeet. Een goed opgeleide middenlaag, zoals in Europa, bestaat nauwelijks.

Hier een paar voorbeelden van magische rituelen:

Wie drie verzen uit soera 37 *As-Saffat*, De in de Rangen Behorenden, en drie verzen uit soera 30 *Ar-Roem*, De Romeinen, op een papiertje schrijft, dat in een glazen flesje met een dunne hals doet en bij de ingang van een huis neerzet, zorgt er niet alleen voor dat de bewoners van het huis ziek worden, maar iedereen die het huis betreedt.

Soera 58 *Al Moejadalah*, Het Debat, zou helpen tegen ziekte en als je de soera voortdurend herhaalt ook tegen inbrekers.

Soera 86 *Ath-Tariq*, De heldere Ster, helpt tegen nachtelijke zaadlozingen als je er een aluinkristal mee bezweert en dat onder je hoofdkussen legt.

Soera 113 *Al Falaq*, De Doorbraak, eigenlijk een beschermende soera, is onder bepaalde voorwaarden ook geschikt om relaties te verbreken. Het is wel een ingewikkeld proces, want je moet op zaterdag voor het vallen van de nacht water uit zeven verschillende bronnen halen, die met blauwe inkt vermengen, daarmee de soera op een stuk papier schrijven en dat dan vervolgens op de drempel van de slachtoffers blazen.

Als je door magie impotent bent geworden, helpt het troonvers *Ayat al-Koersi*, uit soera 2 *Al Baqara*, De Koe, in verbinding met de vier laatste verzen uit soera 59 *Al-Hashr*, de Exodus.

Tante Zaina was niet te vertrouwen. Ik probeerde zo min mogelijk sporen achter te laten. De fakirs, de tovenaars, werken namelijk graag met dingen als zweet, bloed en sperma. Haar en nagels zijn praktische ingrediënten, want daar is makkelijk aan te komen. Sokken zijn erg geliefd, vooral als ze lang gedragen zijn en sterk ruiken. Ook beschreven kippeneieren spelen in veel magische rituelen een belangrijke rol.

Urine daarentegen is een probaat middel om verwensingen en vloeken te neutraliseren. Vooral de urine van maagden staat bekend als zeer werkzaam. Als kind moest ik daarom altijd al urine aan tante Zaina afstaan. Nadat ze het had vermengd met rozenwater, vanwege de stank, gooide ze het voor ons huis op straat.

Vroeger was ik bang voor deze tovenarij. Tegenwoordig ben ik er niet meer zo bang voor, ik vind het eerder een beetje zielig. Maar ik begrijp waarom veel eenvoudige vrouwen intensief met deze dingen bezig zijn. Hun leven is hopeloos. Ze zijn volledig afhankelijk van hun man, hebben niet de mogelijkheid hun eigen beslissingen te nemen. De s'hour biedt deze vrouwen de illusie dat ze macht kunnen uitoefenen.

Inmiddels is de magie niet meer het domein van de vrouwen in Marokko. De machtigste tovenaars zijn mannen. Ze verdienen veel geld aan de nood van de mensen die bij ze aankloppen. De koning van Marokko heeft onlangs een verbod afgekondigd dat de magische praktijken van deze tovenaars aan banden moet leggen. Maar of dat echt helpt… In het ondergrondse circuit is voodoo nog steeds erg aanwezig.

In het huis van mijn tante had ik voortdurend het gevoel dat ik onder invloed van vreemde machten stond. Jamila's beschermende soera leek niet veel te helpen. Samuel bleef maar huilen en ik werd steeds magerder. Het enige gif dat tegen de betovering leek te helpen was het feit dat ik geen geld meer had. Plotseling vonden mijn nichtjes me niet meer zo interessant en wilden ze ook niet meer met me stappen. Ik had weer tijd voor mezelf. Ik keek in de spiegel en schrok van wat ik zag. Het was de hoogste tijd mijn kind mee te nemen en te verdwijnen van deze griezelige plek.

Pas toen ik in het vliegtuig zat en Afrika achter me liet, verdween de innerlijke spanning. De Afrikaanse zwarte magie kon de zee niet over, niet mee via Spanje naar München. In Europa werkte de tovenarij niet. En zo viel ik in het vliegtuig in een diepe, heerlijke slaap met mijn kind warm en veilig op mijn borst.

De reis naar Marokko was belangrijk voor me geweest, omdat ik wilde weten waar mijn thuis was. Maar Marokko was mijn vaderland niet meer. Ik had er geen familie meer en ik hoorde er niet meer bij. Men had dusdanig misbruik van me gemaakt, dat ik er een punt achter wilde zetten. Dit wilde ik niet meer, niet voor mij en niet voor mijn zoon. Samuel gaf me de kracht om na mijn reis van Afrika naar Europa me ook mentaal en emotioneel van Marokko en mijn verleden daar los te maken. Ik zocht niet meer naar liefde en een familieband. Het had geen zin daar nog moeite voor te doen. Het was mijn taak liefde en geborgenheid te geven en ik besefte dat het in mijn macht lag mijn leven te veranderen om mijn zoon een beter leven te geven dan ik ooit had gehad.

Het was een moeizaam en pijnlijk proces. Alle Marokkanen die ik kende maakten deel uit van een liefhebbende familie. Ik niet. Ik stond er helemaal alleen voor.

Duitsland was mijn kans en die wilde ik grijpen. Dus ging ik op zoek naar een nieuwe identiteit. Een van de eerste stappen was een bezoek aan de oriëntatiecursus voor migrantenvrouwen. Dit soort woorden, in dit land kennelijk onmisbaar, kon ik inmiddels vloeiend van de tong laten rollen. Ik had een aanvraag gedaan en was er best trots op dat mijn verzoek werd ingewilligd. Blijkbaar had ik het formulier goed ingevuld. Ik had een van de belangrijkste barrières overwonnen: ik kon omgaan met de Duitse bureaucratie. Ik mocht naar de cursus. Samuel kon tijdens de les naar een crèche. Daar bracht ik hem elke ochtend heen. Tussen de middag haalde ik hem dan weer op.

Er deden ongeveer vijftien vrouwen mee aan de cursus, van veel verschillend allooi. Een paar vrouwen waren zwaar aan de alcohol. Af en toe zat er een oudere Oost-Europese naast me die allerlei medicijnflesjes bij zich had. Ze deed net of ze daar regelmatig iets van moest innemen. Maar in plaats van een medicijn zat er goedkope alcohol in de flesjes.

Een jonge vrouw uit Afghanistan vertelde voortdurend over de afschuwelijkste dingen die men vrouwen in haar vaderland aandeed, zoals bijvoorbeeld het afhakken van de vingers als je je nagels had gelakt. Dat hadden ze bij haar zus gedaan. Onwillekeurig staarde ik naar de handen van de Afghaanse, maar gelukkig had ze al haar vingers nog.

Een vrij grofgebouwde Italiaanse in nepmerkkleren bleek vreselijk racistisch. Ze had het voortdurend over 'Turkse teven' en omdat ik ook een donkere huid had, hoorde ik daar volgens haar ook bij.

Op een dag nam de leidster me even apart. Ze vroeg me of ik iets minder uitgedost naar de les kon komen. Er waren vrouwen jaloers.

'Sorry,' sputterde ik tegen, 'maar ik ben blij dat ik in staat ben om me goed te kleden.'

'Ja, maar er ontstaat jaloezie door,' zei de pedagoge. 'Kijk maar hoe de anderen eruitzien.'

De vrouwen over wie de pedagoge het had zagen er onverzorgd en slordig uit, alsof ze zichzelf al hadden opgegeven. En dat had ik niet. Ik was net begonnen aan mijn nieuwe, zelfstandige leven. Ik begreep niet waarom ik dat niet mocht uitstralen. Natuurlijk waren er bij de cursus ook vrouwen die net als ik energiek en met vertrouwen de toekomst in keken. Een van hen was een knappe, erg intelligente Filippijnse. Ik raakte met haar bevriend. Ze deed de cursus alleen om weer aan het werk te komen.

Mijn beste vriendin werd een bloedmooie Braziliaanse met groene ogen en een lichte huid. Ze noemde zich Esmeralda en het was net of ze op een melodie bewoog die alleen zij kon horen. Ze woonde gescheiden van haar man en was met haar zoon van het platteland naar de stad verhuisd.

Esmeralda was een heel levendig mens. Ze lachte altijd en ze had steeds iets te vertellen. Ik raakte gebiologeerd door haar, vooral door hoe zelfbewust ze met haar vrouwelijkheid omging. Haar bewegingen waren erg sensueel en haar lach was in Marokko strafbaar geweest, want onzedig. In sommige delen van Beieren zou men Esmeralda misschien ook wel onzedig hebben gevonden.

Als ik 's avonds met Esmeralda uitging, werden we opdringerig belaagd door mannen. Esmeralda ging daar heel natuurlijk mee om en dat maakte me bijna jaloers. Ik voelde hoe mijn islamitische opvoeding mijn levensvreugde en gedrag beteugelde. Ik schaamde me bijna voor het feit dat ik er best goed uitzag en dat dat mannen aantrok. Ooit werd ik door een oudere man in de buurt van het station staande gehouden. Hij maakte insinuerende bewegingen en lonkte discreet met een bankbiljet. Ik schrok me wezenloos en rende weg. Ik had geen idee hoe ik op zoiets moest reageren. Toen ik het voorval aan Esmeralda vertelde, zei ze: 'Nou en?'

'Nou en? Hoe bedoel je, nou en! Die vent wou iets van me.'

'Lijkt me wel ja,' zei Esmeralda. 'Seks.'

'Ja!' riep ik verontwaardigd. 'Is het geen schande? Zie ik eruit alsof ik voor geld te koop ben?'

'Hm.'

'Zie ik er zo uit?' herhaalde ik.

'Nou, ik vind dat je er best geil uitziet.'

Dat vond ik helemaal niet. Esmeralda kwam altijd in naveltruitjes en hotpants naar de cursus. Ze had dus wel iets aan, maar alleen het hoognodige. Zelfs in seksshops verkochten ze dergelijke kledingstukken waarschijnlijk niet. Ik probeerde er daarentegen altijd elegant uit te zien, waardoor ik meer weg had van een stoffige secretaresse dan van een seksbom.

'Als er hier iemand geil uitziet, dan ben jij het,' zei ik een beetje verwijtend.

Esmeralda lachte. 'Dat is dan ook wel het minste.'

'Maar waarom wapperen ze bij jou dan niet met geld?'

'Dat doen ze ook!' Esmeralda scheen er niet mee te zitten.

'En wat doe je eraan?'

'Makkie,' legde Esmeralda uit, 'ik laat mijn middelvinger zien.'

'Dat is alles?' vroeg ik ongelovig.

'Soms zeg ik er nog iets bij,' grijnsde Esmeralda. 'Rot op, ouwe rukker, of zo!'

Ik was er ondersteboven van hoe ontspannen Esmeralda met zo'n situatie omging. Het interesseerde haar helemaal niet. Ze vond het een grap. En ze begreep niet waarom ik er zo mee in mijn maag zat. En dat maakte me bijna boos.

Ik besloot te proberen erachter te komen hoe Esmeralda en haar vriendinnen eigenlijk leefden en sloot me aan bij de groep Braziliaanse vrouwen.

De harde kern van de Braziliaanse gang bestond uit vijf vrouwen. Hun aanvoerster heette Allegra. Ze was in de dertig, denk ik, en ze had een man en twee zoons. Ze woonde in een gigantisch groot huis dat helaas niet in München stond, maar in de omgeving. De familie van haar man had een middenstandsbedrijf. Allegra was slank, mooi, zelfverzekerd en charmant. De mannen vielen allemaal in katzwijm voor haar.

Allegra had haar man leren kennen op het strand van Brazilië. Daarna hadden ze elkaar uit het oog verloren, maar ze hadden elkaar weer ontmoet in een *Biergarten* in München. Ik vond het een erg romantisch verhaal.

Ik mocht Allegra graag en we waren bijna vriendinnen geworden, als ik niets zou zijn begonnen met haar man. Dat was een erg knappe Beierse gozer en toen Allegra hem verliet, kreeg hij een oogje op me. Alleen keerde Allegra op een gegeven moment weer terug naar haar man en kon ze mij de korte romance niet vergeven.

Braziliaanse nummer twee was Jana. Ze was een corpulente vrouw, maar schaamde zich er niet voor kleren te dragen die twee maten te klein waren.

Andrea, nummer drie, had een man nodig om Duitsland niet te hoeven verlaten. Ze was Allegra's au pair. Als een roofdier hield Allegra in de gaten of een man zijn oog op Andrea liet vallen. Daar mocht dan niemand meer aankomen. Hij was gereserveerd voor Andrea.

Dan was er nog Carla. Ze had een gedrongen figuur, maar liet graag haar dikke dijen in de kortst mogelijke rokjes zien. Helaas was haar smaak soms een beetje vreemd. Ze droeg vaak ordinaire combinaties, maar wel van de duurste merken. Ze had uiteraard bijna wit geblondeerd haar, maar dat was door de voortdurende chemische behandelingen gaan pluizen, waardoor het gewenste effect een beetje verloren ging.

Ik was gebiologeerd door het zelfbewustzijn, de vrolijkheid, hartelijkheid en openheid van deze vrouwen. En door hun saamhorigheid. Allegra's deur stond open voor iedereen en het kwam vaak voor dat we met z'n vijven of zessen in de keuken naar Braziliaanse muziek luisterden en kookten. De Braziliaanse vrouwen hadden altijd wel iets te giebelen en te vertellen. Ze waren in staat extreem te flirten, maar de mannen toch op afstand te houden. Bovendien zorgden Allegra en haar vriendinnen heel goed voor hun kinderen.

Dit gedrag verschilde erg van wat ik gewend was. Als ik tussen de Arabieren uitgelaten danste, werd dat door de mannen opgevat als uitnodiging om in de aanval te gaan. Vrouwen die openlijk plezier in het leven hebben zijn een makkelijke prooi, vinden Arabieren. Daarom kun je met Arabieren ook niet flirten. Ze begrijpen het verkeerd. Ik danste dus altijd met mijn ogen dicht, om oogcontact te vermijden.

De Arabische buikdans is een erg ingewikkeld communicatiesysteem. Natuurlijk is de buikdans sensueel. Maar wat de bewegingen en signalen van de buikdans precies betekenen snapt alleen iemand die er verstand van heeft. Bij de Braziliaanse samba is alles heel openlijk. Iedereen snapt de signalen van Braziliaanse vrouwen. Volgens mij bestond er geen duidelijker manier om een seksuele boodschap over te brengen, dan de samba. En dat vond ik fascinerend en verontrustend tegelijk.

Bij mijn Braziliaanse vriendinnen leerde ik dat iemand erotisch en sensueel kan zijn zonder te worden bestempeld als hoer. In de islam is vrouwelijke sensualiteit in het openbaar verboden en aan de echtgenoot voorbehouden. In Brazilië is het kennelijk volslagen normaal om open en bloot alles te laten zien wat je in huis hebt. En daar moest ik aan wennen. Ik had nog nooit een hoofddoekje of djellaba gedragen, maar ik kleedde me op een of andere manier toch saai. Als ik al eens een topje met spaghettibandjes droeg, deed ik heel erg mijn best om 'fatsoenlijk te lopen', namelijk met mijn ogen naar de grond gericht. In plaats van de mensen in de ogen te kijken, lopen fatsoenlijke meisjes met hun hoofd gebogen en kijken ze naar de punt van hun schoenen.

Ik begon met opgeheven hoofd door München te lopen, net als mijn Braziliaanse vriendinnen. In het begin had ik er moeite mee mensen in de ogen te kijken. Als iemand terugkeek, keek ik snel weg. Maar uiteindelijk werd ik er beter in. Het was ook moeilijk mannen stevig de hand te schudden en daarbij oogcontact te maken. In Marokko kan dat echt niet. Je hand voorzichtig in de hand van de man leggen, ja, en daarbij je ogen onmiddellijk bedeesd neerslaan. Anders is het onfatsoenlijk. En getrouwde vrouwen mogen mannen al helemaal niet aanraken.

Tot de aanbidders van mijn Braziliaanse vriendinnen behoorde ook een grote man met een stem die zo diep vibreerde dat ik er altijd kippenvel van kreeg. Mijn vriendinnen noemden deze reus van een man João, een moeilijk uitspreekbare naam die klonk als het Italiaanse 'Ciao'. Daarom dacht ik in het begin ook altijd dat ze hem probeerden weg te bonjouren, maar dat was niet het geval: João was erg geliefd bij de dames. Als mijn vriendinnen iets te vieren hadden, zat João er met een dikke sigaar bij te kijken hoe de meisjes hun kont en andere lichaamsdelen in allerlei bochten wrongen. Hijzelf danste nooit. Eigenlijk hoorde João niet echt bij de Braziliaanse club, want hij was een Cubafan. Als het even kon, vloog hij naar Havanna. Maar kennelijk waren er niet genoeg Cubaanse vrouwen in München en moest hij genoegen nemen met mijn Braziliaanse vriendinnen.

Aanvankelijk slaagde ik er niet in met João in contact te komen, omdat ik werd belaagd door een swingende kerel die Kurt heette. Hij hoorde ook bij het Braziliaanse clubje. Kurt moest en zou me de samba leren. Hij was een soort John Travolta. Hij kon erg goed dansen en hoefde daarom geen drankjes te schenken en meisjes naar huis te brengen als de avond voorbij was. Kurt moest op de dansvloer als partner ter beschikking staan en dat nam hij erg serieus. Ik denk zelfs zo serieus dat hij door zijn dansmanie vergat de meisjes te versieren. Maar misschien was het ook wel zo dat mannen die goed kunnen dansen door vrouwen nooit worden gezien als echte kerels.

Allegra, een gedreven koppelaarster, had al snel in de gaten dat de reus een oogje op me had. Ze begon veel moeite te doen hem en mij te koppelen. Toen ik op een dag bij haar op bezoek was, duwde ze de telefoon in mijn hand. João was aan de telefoon.

'Ik ben een vriend van Allegra. Ik heb je pas gezien op een feestje en ik wilde vragen of je zin hebt een kop koffie met me te drinken.' De kleine luidspreker in de hoorn van de telefoon kraakte ervan, zo diep was zijn stem.

Ik was overrompeld en probeerde tijd te winnen. 'Sorry, maar wie bent u?' De vraag was belachelijk, want ik wist wie hij was.

'Je vriendin noemt me João,' baste de stem. Hij bleef me tutoyeren.

'O,' zei ik slapjes.

De reus kreeg in de gaten dat hij behoedzaam moest zijn. Dat paste wel bij zijn karakter, ik vond hem een bedachtzaam type dat niet snel ongeduldig werd. 'Weet je wat?' zei hij, 'Ik geef je mijn telefoonnummer. Dan bel je me maar als je erover nagedacht hebt.'

Natuurlijk belde ik hem niet. Dat kan niet daar waar ik vandaan kom. In Marokko bellen mannen misschien vrouwen op. Maar vrouwen bellen absoluut nooit vreemde mannen op. Toch kwamen we elkaar uiteindelijk nader toen mijn Braziliaanse vriendinnen en ik door de reus werden uitgenodigd op een feestje in zijn bedrijf.

Eerst moest ik echter Til Schweiger nog van me afschudden. Nee, het was niet echt Til Schweiger, maar hij leek er wel erg op, een dubbelganger. Hij was heel knap en had een Audi. Mannen met een Audi stonden bij mij hoog in het vaandel. Bovendien was Til Schweiger grappig, spontaan, een beetje gek en erg zwoel. Het probleem met Til Schweiger was zijn blonde vriendinnetje.

Ik had Til Schweiger leren kennen op het Oktoberfeest in München. Allegra had me voorzien van korte lederhosen en een trachten-bloesje. Het bloesje viel net over mijn borsten. Ik had mijn lange zwarte haar in twee ondeugende vlechten gedaan en mijn voeten staken in perfecte *haferl*-schoenen. Mijn Braziliaanse vriendinnen namen de kleding voor de *Wiesn* net zo serieus als thuis in Brazilië het kostuum voor carnaval. We zagen er perfecter uit dan menig autochtoon.

Ik was destijds erg slank en zag er erg verleidelijk uit, althans, dat denk ik, de mannen reageerden in elk geval. Til Schweiger was flink aan het flirten en viel op in de biertent. Hij was niet zo beroemd als zijn origineel, maar hij was knapper en hij had niet zo'n hoog stemmetje. Toch koos ik uiteindelijk voor João en niet voor Til. João was de enige man in die tijd die zich niet alleen voor mij, maar ook voor Samuel interesseerde. Dat was het beste aan hem, zijn goede relatie met mijn zoon.

'Neem je jochie maar lekker mee,' zei hij als we gingen picknicken. Of hij droeg hem trots op zijn machtige schouders door de stad. Dan gilde Samuel van de pret, want hij voelde zich, ondanks de hoogte, heel veilig daar boven. 's Avonds bracht João Samuel naar bed.

'Hup, naar bed!' riep hij dan met zijn basstem.

'Hup, naar bed!' deed Samuel hem met zijn kinderstemmetje na.

Ik volgde niet alleen mijn hart, toen ik voor João koos, maar ook mijn verstand. Na een jaar samen zei Samuel, ondanks het feit dat João en ik niet samenwoonden, 'papa' tegen hem. João zou de ideale man zijn geweest, maar helaas dacht zijn familie daar anders over.

Als João naar zijn ouders ging, mocht ik niet mee. Zijn familie wilde dat niet. Ik was ongewenst. Ook met Kerstmis, toen João had gepland mij eindelijk aan zijn familie voor te stellen, werd er afgezegd.

'Maar haar zoon ziet eruit als een Duitser!' hoorde ik João aan de telefoon roepen.

Die opmerking trof me diep. Mijn vriend verloochende mijn afkomst, mijn verleden, mijn leven. En zijn ouders overtuigde hij er niet mee. Mensen met een andere huidskleur waren niet welkom en daar bleven ze bij. Ik heb de ouders van João nooit leren kennen.

Het enige familielid dat ik heb leren kennen was João's oudere zus. Ze was advocate, werkte in Oost-Duitsland en kwam op een gegeven moment naar München omdat ze daar een nieuwe baan wilde zoeken. João zei: 'Met haar wordt het geen probleem. Ze heeft zelf ooit een zwarte Afrikaanse vriend gehad.'

Maar dat was dus op de klippen gelopen. Enfin, vol goede moed boende ik mijn appartement. Ik deed Samuel onder de douche, kamde zijn nog vochtige haar, maakte er een perfecte Duitse scheiding in en zette overal in huis bloemen neer. Ik ging zelfs de stad in om tong te kopen voor een vistajine. João's zus at namelijk geen vlees. Ik deed alles om het hart van de dame te veroveren. Maar ze bleef ijskoud en was nergens van onder de indruk. Ze praatte alleen met haar broer en deed alsof ik er niet was. Toen de tajine op was zei ze tegen João dat ze naar zijn appartement wilde. Dat deed hij en ik bleef alleen achter met mijn zoon. Niet echt een geslaagde avond.

João's jongere zusje woonde in Zwitserland. Ze nodigde ons

uit om een paar dagen langs te komen. Ze moest aardig zijn, concludeerde ik tenminste uit de verhalen die João over haar vertelde. Hij keek erg uit naar ons tripje en ik ook. Ik had de hoop nog niet helemaal opgegeven om een familielid van mijn vriend te overtuigen dat mijn zoon en ik zo slecht nog niet waren. En dat was belangrijk voor me. Ik had het idee dat dit mijn kans was om mijn relatie met João op een meer solide basis voort te zetten, een betere basis, met een toekomst.

We pakten onze koffers in. Ik was bijna net zo opgewonden als Samuel.

'Eh, er is nog iets dat ik je moet zeggen,' zei João.

'Wat dan?' vroeg ik, terwijl ik op de koffer met spullen van Samuel ging zitten om hem dicht te krijgen.

'Mijn zusje...' aarzelde João.

'Maak je maar geen zorgen. We kunnen het vast prima met elkaar vinden,' zei ik.

'Ik kan je niet meenemen,' zei João.

Ik kreeg het helemaal koud. Het was net of ik bevroor. Ik bewoog mijn lippen, maar ik kon niets zeggen.

'Ze heeft geen plek,' zei João.

Het was een leugen en dat wisten we allebei. Hij wilde me de waarheid niet vertellen om me te beschermen, maar de waarheid was dat ik in zijn familie ongewenst was. Misschien had zijn zusje er op een zwak moment echt aan gedacht om ons uit te nodigen. Maar haar familie had haar dat snel uit het hoofd gepraat. Zulk openlijk racisme had ik nog nooit meegemaakt en al helemaal niet bij iemand van wie ik zoveel hield. Ik was helemaal verlamd en ik verwachtte van mijn vriend dat hij beter zijn best voor me deed.

'En wat nu?' vroeg ik met benepen stem.

'Ik ga alleen,' zei João.

Hij stapte in zijn auto en ik wist dat dit het einde van onze liefde was. Ik wilde geen man die bij het minste of geringste de kant van zijn racistische familie koos en niet mij. Dan was ik liever alleen.

Vanaf dat moment speelden de Braziliaanse vrouwen een minder grote rol in mijn leven. De tijd van feesten was voorbij. Ik was een alleenstaande moeder en had wel iets beters te doen dan samba dansen. Bovendien miste ik het contact met mensen van thuis. En zie daar, het lot was mij genadig. Ik kreeg contact met Marokkaanse vrouwen.

In het blijf-van-mijn-lijfhuis had ik Shaima uit Rabat leren kennen. Ze was gevlucht voor haar gewelddadige Marokkaanse man. Hij had haar voortdurend mishandeld. Shaima had een zus en die werd mijn beste vriendin.

De zus was tien jaar ouder dan ik, had twee kinderen en was getrouwd met een Egyptische koopman die veel geld verdiende met een import/exportbedrijf. Ik geloof dat hij erin gespecialiseerd was tweedehands Duitse vrachtwagens te demonteren en die naar Egypte te exporteren. Belastingtechnisch was het kennelijk aantrekkelijker de vrachtwagens als losse delen naar Egypte te sturen dan in z'n geheel. Ik weet het niet. In elk geval verdiende de Egyptenaar zoveel dat hij er een huis met personeel en twee glanzende Mercedes limousines op na kon houden. Een van die auto's werd gereden door Shaima's zus.

Ik had de zus voor het eerst ontmoet toen ik hoogzwanger was en opeens vreselijk zin kreeg in een Marokkaans gerecht: kalfsschenkel, met plat brood en kikkererwten. Onrustig drentelde ik door de keuken van het blijf-van-mijn-lijfhuis.

'Is er iets, zuster?' vroeg Shaima.

'*La*,' zei ik, nee. In Marokko geef je nooit bij de eerste vraag al toe. De vraag moet minstens drie keer herhaald worden. Shaima bleef hardnekkig en kreeg me uiteindelijk zover dat ik zei wat ik wilde. 'Ik droom al drie dagen van *l'qoerein*. Als ik eraan denk, loopt het water me in de mond. Maar ik weet niet hoe je het klaarmaakt.'

'O nee!' riep Shaima uit. 'Je krijgt je kalfsschenkel, nu meteen! Je arme baby! Heb je al ergens gekrabd?'

In Marokko moet de wens van een zwangere onmiddellijk worden vervuld. Anders krijgt het nog ongeboren kind exact op de plek waar de aanstaande moeder zich krabt een moedervlek of onnatuurlijke beharing.

Ik moest even nadenken. 'Nee, ik geloof het niet.'

'Al-hamdoe li-ilahi – geloofd zij Allah!' riep Shaima uit. 'Oké, rustig blijven en niets aanraken. Ik ben zo terug!' Ze rende de keuken uit.

Tien minuten later kwam Shaima terug. Ze keek me wantrouwend aan, alsof ze bang was dat ik inmiddels aan het krabben geslagen was.

'Je moet nog tot morgenochtend dapper zijn,' zei Shaima. 'Dan komt mijn zus.'

'Je zus?' vroeg ik. 'Hoezo?'

'Jee, wat ben jij langzaam zeg!' foeterde Shaima. 'Mijn zus komt en ze neemt kalfsschenkel mee. Zij kan kalfsschenkel maken als geen ander. Morgen ben je gered.'

De volgende dag verscheen er een elegante vrouw met een dure zonnebril op. Nagels gelakt, behangen met een hoop goud, twee kinderen in haar kielzog en een snelkookpan in de handen waar de kalfsschenkel in zat. Shaima's zus. Ze zei tegen me: 'Het komt allemaal goed, meid.'

Ze dekte de tafel in de keuken van het blijf-van-mijn-lijfhuis, haalde de enorme, schenkelstukken uit de pan en legde ze op een groot bord dat ze in het midden van de tafel had gezet. Het bord was van porselein en met de hand beschilderd. Er stonden pauwen op. Pauwenborden zijn in Marokko een statussymbool. Iemand die een pauwenbord heeft, is echt rijk. Bij ons thuis hebben we nooit een pauwenbord gehad.

We aten met onze handen van het pauwenbord. Dat is in Marokko normaal. Iedereen keek me met argusogen aan. Helaas had ik helemaal niet zo'n trek meer in kalfsschenkel en at ik niet zoveel. Niet genoeg in elk geval, naar de blikken van de zusjes te oordelen.

'Kom, tast toe,' zeiden ze, 'niet verlegen zijn. Je bent tenslotte zwanger.' En ze tikten de kinderen op de vingers als die probeerden nog een stukje vlees te veroveren. 'Nee! Dat is voor Ouarda!'

Ik wist niet goed wat ik aan moest met die liefdevolle verzorging. De zusjes bleven maar dikke stukken vlees naar mijn kant van het bord schuiven en ik kon niet meer.

Ik zei: 'Bedankt, het was heerlijk, maar ik kan niet meer.'

Met tegenzin gaf de zus van Shaima de overige stukken vlees aan haar kinderen.

Plotseling voelde ik me heel erg geborgen bij de twee zussen. Ze gaven zoveel genegenheid, het was een cadeautje! Zo had ik me altijd willen voelen sinds mijn moeder dood was. De zus van Shaima was voornaam, niet opdringerig en erg vriendelijk. Ze nodigde me uit bij haar thuis, stelde mij aan haar familie voor, kookte voor me en maakte Marokkaanse nanamuntthee. Ze serveerde die op traditionele wijze, met uitgestrekte arm. Dat betekent dat de thee met een grote boog in een gouden straal in de theeglaasjes wordt geschonken. Aan de zoete hete thee wordt op die manier zuurstof toegevoegd, waardoor hij zijn typische aroma krijgt.

De zus maakte deel uit van een groot Marokkaans netwerk waarin traditie een grote rol speelde. Vooral bij kinderverjaardagen waren de Marokkaanse vrouwen in topvorm. Meisjes werden opgedoft als prinsesje en de jongetjes als koning. De moeders zelf kochten speciaal voor de verjaardag van hun kind een nieuwe jurk en iedereen deed zijn best de ander te overtreffen. Dat kon bijvoorbeeld met een extra portie glinsterende pailletten, met een heel gewaagd decolleté of met iets heel duurs. De gastvrouw deed het meest haar best. Ze moest mooier zijn dan de rest, anders was de dag verpest.

Op de middag voor het feest kwamen de vrouwen in de keuken bijeen om een uitgebreid buffet voor te bereiden. Meestal werden er salades gemaakt, met hardgekookte eieren en mayonaise. Verder hoorden er schaaldieren bij, een tajine met vis en paella, een gerecht dat erg voornaam werd gevonden. Natuurlijk was er ook volop fruit en waren er Marokkaanse zoetigheden. En er werd vaak een heel lam in de oven gebraden. Behalve als de oven te klein was, dan moest genoegen worden genomen met een half lam.

De kinderverjaardagen liepen soms helemaal uit de hand. Dan was het feest zo groot dat het buitenshuis moest worden gevierd. Dan werd er ergens iets gehuurd. Het hoogtepunt van zo'n groot feest was een grote, bontgekleurde verjaardagstaart. Die werd natuurlijk niet zelf gemaakt, maar besteld, voor veel geld. Belangrijk was ook de muziek. Die moest uiteraard Marokkaans zijn en er moest bij worden gedanst.

De aanwezige vaders deden niets anders dan video-opnames maken. Het hele gebeuren moest op band worden bewaard, zodat men de gasten de volgende dag de film kon laten zien. En zo kon een Marokkaanse kinderverjaardag drie dagen duren. Op de eerste dag werd er voorbereid, op de tweede dag werd er gevierd en op de derde dag ruimden de vrouwen op terwijl de kinderen speelden en de vaders op elk beschikbaar televisietoestel hun versie van de verjaardagsfilm afspeelden. Daarbij was belangrijk dat de film niet korter mocht zijn dan het feest was geweest. Er mocht niet in worden geknipt. Korte impressies, nee, daar hield men niet van.

Mijn leven veranderde opnieuw. Mijn nieuwe Marokkaanse vrienden waren een enorme verrijking. Ik werd Sjliha, kleine Berberse, genoemd en men maakte grapjes over mijn accent. Maar het was allemaal vriendelijk en ik voelde me thuis.

De zusjes en hun vriendinnen vonden mooi zijn op z'n Marokkaans erg belangrijk. Ik deed meteen mee, maar ontdekte al snel hoe tijdrovend dat was. De eerste stap was: krullen weg. Het haar moest helemaal glad zijn. Hiervoor moest je tijdens het föhnen met een kam de krullen uit het haar trekken. Ik betrap me er nu nog wel eens op dat ik dat doe als er bezoek uit Marokko komt. Krullen zijn in Marokko niet populair, glad haar is in.

De tweede stap was: ontharen. Behalve het hoofdhaar mag er geen haar te vinden zijn op het lichaam. Haar op armen, benen en venusheuvel zijn uit den boze. Dus wordt er van suiker en citroen een taaie massa gebrouwen, die heet op de verdachte plekken wordt gesmeerd en die er na afkoeling met een pijnlijke ruk wordt afgetrokken. Hierna worden handen en voeten verzorgd. Dat doe je bij elkaar. Er mag geen plek onverzorgd blijven.

Tijdens de cosmetische behandelingen roddelden mijn vriendinnen over alle vrouwen die er niet waren. Of ze vertelden moppen en dan het liefst over de Berbers uit de Sous, de *Sousyin*, die voor erg gierig doorgaan. Ik vond die moppen heerlijk, hoewel ik zelf een Sousia ben, of misschien juist wel omdat ik er eentje ben. Hier zijn er een paar:

Een Sousyin ligt op sterven. De hele familie staat om zijn bed. Met zachte stem vraagt de stervende man aan zijn vrouw: 'Fatima, waar ben je?'

'Ik ben hier.'

'Waar is mijn zoon Said?'

'Je zoon is hier.'

'Waar is mijn dochter Nora?'

'Je dochter is hier.'

'En waarom is het licht op de overloop dan aan?'

Of:

Waarom hebben middenstanders in de Sous altijd een spiegel naast de kassa staan?

Zodat ze 's avonds, als ze de kassa leegmaken, in de spiegel kunnen kijken om er zeker van te zijn dat zij het zelf zijn die het geld meenemen.

Of:

Een Sousyin stapt in een taxi. Tijdens de rit over een sterk hellende weg doen de remmen het opeens niet meer. De Sousyin begint te schreeuwen van schrik.

De taxichauffeur probeert de man te kalmeren en zegt: 'Geen paniek. Het komt wel goed.'

Maar de Sousyin kalmeert niet. Hij blijft roepen: 'De taximeter! Doe de meter uit!'

Of:

Een Sousyin koopt een fles cola. Om ook de laatste druppel nog uit de fles te halen, steekt hij zijn vinger erin... en blijft steken.

In het ziekenhuis zeggen de dokters: 'Geen probleem, we slaan gewoon de fles kapot.'

'Zijn jullie nou helemaal gek geworden!' gilt de Sousyin. 'Er zit statiegeld op!'

Er hoorde ook een Rachida bij de vriendengroep. Ze werkte als serveerster of als schoenverkoopster. Rachida was niet erg groot, maar trad erg zelfbewust op. Ze kreeg het voor elkaar dat iedereen voor haar rende, maar ze was zelf ook erg hulpvaardig en sociaal. Ik ontdekte al snel dat Rachida veel dingen beter wist en dat het geen schande was haar naar haar mening te vragen.

Rachida had goede contacten met Duitsers. Bovendien was ze een trendsetter. Ze droeg altijd de nieuwste mode, ze had een perfect decolleté en natuurlijk had ze als schoenverkoopster ook de nieuwste schoenen aan. Rachida vond uiterlijk heel belangrijk. Als ze in de zomer naar Marokko ging, moest haar man Hassan vroegtijdig een tweedehands Mercedes aanschaffen. Die werd volgepakt met bagage en cadeaus voor de familie, waarna Hassan ermee naar Marokko reed en Rachida op het vliegtuig stapte!

Hassan was piccolo in het Sheraton. Hij was een aimabele man die zijn vrouw zonder morren als meerdere accepteerde. Hij was het absolute tegendeel van wat vandaag de dag een 'islammacho' wordt genoemd. Hij liet zijn vrouw haar gang gaan. Misschien was hij ook wel gewoon blij dat hij zich als pasja kon gedragen zolang hij maar goedvond wat Rachida allemaal organiseerde. Dat is ook mogelijk. En Rachida kon organiseren. Ze was een enorm talent. Als ze zich ergens mee bemoeide, wist je dat het goed kwam. Daarom wilde iedereen graag dat Rachida hun feestje organiseerde.

Bij mij organiseerde Rachida de feestelijkheden rond de besnijdenis van Samuel.

Ik had met tegenzin besloten dat ik mijn zoon wilde laten besnijden, omdat ik de stress in Marokko zat was. Tijdens elke vakantie in Marokko was ik bang dat iemand mijn zoon stiekem zou meenemen om hem bij een fakir te laten besnijden.

In Marokko was besnijdenis een heilige plicht. De uitvoering ervan geschiedde echter niet onder wat in Europa hygiënische omstandigheden worden genoemd. Sommige besnijders gebruikten bij elke besnijding hetzelfde mesje, om kosten te besparen. Er waren er ook die een nagelschaartje gebruikten. Narcose was een vreemd woord, met een beetje geluk was er ergens een desinfecterend middel in de buurt.

Volgens mij wordt besnijdenis niet genoemd in de Koran. Maar in de *soenna*, de verzameling overleveringen en regels van de profeet, wel. In de soenna is besnijdenis een eis, voorwaarde voor rituele reinheid, de *tahara*. Zonder die rituele reinheid is bijvoorbeeld het vijfvoudige dagelijkse gebed ongeldig.

Men zegt dat Mohammed persoonlijk de circumcisie voorschreef. In een van de ahadith staat:

Aboe Hoeraira, Allahs welbehagen zij met hem, vertelde: De profeet, Allahs zegen en heil zij met hem, zei: Tot de *fitra* (natuurlijke aanleg voor het besef van goed en kwaad) behoren vijf dingen: de besnijdenis (van mannen en jongens), het afscheren van schaamhaar, het knippen van de nagels (handen en voeten), het epileren (respectievelijk scheren) van de okselbeharing en het kort knippen van de snor/baard.

Toch stond voor mij vast dat Samuel besneden moest worden. Nu denk ik daar een beetje anders over en zou ik zonder medische redenen geen operatie meer toestaan. Maar destijds was ook Samuels kinderarts voorstander van de ingreep in verband met een vernauwing van de voorhuid.

We moesten om zeven uur nuchter in het ziekenhuis verschijnen. Samuel was net drie jaar. Hij kreeg een kalmerend middeltje te drinken, daarna verdween hij de operatiezaal in. Na ongeveer een uur werd hij weer naar buiten gereden en was het leed geleden. Hij had er niets van gemerkt, de operatie had onder volledige narcose plaatsgevonden.

Het feest ter ere van de besnijdenis vond plaats in een buurtcentrum vlak bij Rachida's woning. Mijn Marokkaanse vriendinnen kleedden Samuel aan als een kleine prins. Hij droeg een groene ronde fluwelen fez, een wit overhemd met opstaande kraag met daarover een fluwelen jasje met gouden borduursels, een bijpassende pofbroek en Marokkaanse leren muiltjes. Hij zag er vertederend uit, maar ook een beetje vreemd. Toen hij op de speciaal voor hem gebouwde troon werd gezet en werd rondgedragen, vond Samuel het niet meer leuk. Hij begon te huilen en ik vroeg me af waarom ik met dit hele spektakel akkoord was gegaan. Maar dat was ik eigenlijk niet. Bij een besnijdenis hoort een feest, punt uit, daar werden geen vragen bij gesteld.

De vrouwen hadden uiteraard gekookt alsof ze een complete provincieplaats een week lang van de hongerdood moesten redden. De mannen hadden een muziekinstallatie opgebouwd en Marokkaanse cd's met speciale muziek voor dit soort aangelegenheden gekocht: traditionele volksmuziek die iedereen kent, met veel opzwepend tromgeroffel om op te dansen. Terwijl er muziek klonk, de kinderen krijgertje speelden en de vrouwen op het kleine toneel probeerden te buikdansen, bouwden de mannen hun statieven op om het hele gebeuren op video vast te leggen.

Ik was blij toen het feest voorbij was. Samuel ook. Toch was ik ook dankbaar dat mijn landgenoten me zo vanzelfsprekend en hartelijk in hun kring hadden opgenomen, hoewel ik er eigenlijk niet echt bij hoorde. Ik had een ander verleden, een vreselijk verleden. Ik was van ver gekomen. En ik had mijn doel nog lang niet bereikt.

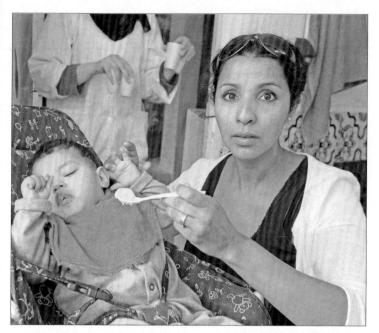

Ouarda met Salwa uit de kinderopvang van het blijf-van-mijn-lijfhuis van Oum el Banine. Salwa is gehandicapt omdat haar moeder tijdens de zwangerschap probeerde abortus te plegen.

Madame Mahjouba Edbouche (links) neemt geschonken levensmiddelen voor de kinderopvang van het blijf-van-mijn-lijfhuis Oum el Banine in ontvangst.

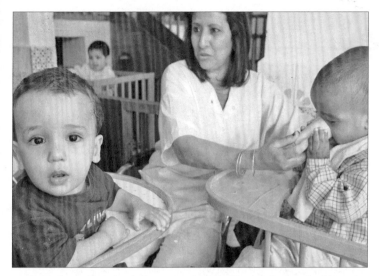

Medewerkster van de kinderopvang van Oum el Banine. Er worden hier 44 kinderen verzorgd, van wie de meeste van de zogenaamde petites bonnes *afkomstig zijn.*

Een kleine slavin (rechts) met een medewerkster aan het werk in de kinderopvang van Oum el Banine.

Het passeren van de koopakte van een nieuw onderkomen voor Oum el Bani-
ne. Het geld hiervoor komt van Ouarda's hulporganisatie Tränenmond e.V.
en van Sternstunden e.V, een hulporganisatie van de Bayerische Rundfunk.
(Links een ambtenaar, in het midden Madame Edbouche, rechts Ouarda met
de koopakte.)

Het marktplein van Jemâa-n-Tirhirte. Ouarda troost Yamna, die over enkele
ogenblikken voor het eerst sinds de geboorte van haar dochter, haar familie zal
terugzien.

Ouarda samen met twee petites bonnes *en hun kinderen in het nieuwe onderkomen.*

Gemeenschapsruimte in Oum el Banine.

De school van Igraar, die met hulp van Tränenmond e.V. kon worden inge-richt.

Ouarda in de kleuterschool van Igraar.

*Met kinderen
in Fask.*

Ouarda en haar zusje Asia aan de Atlantische kust.

Door mijn contact met de Marokkaanse vrouwen, kruiste een vreemde vrouw uit Casablanca mijn pad. Ze woonde al lang in Duitsland. Naar men zei was ze weduwe en zakenvrouw. Ze reed in een dikke auto door München. Mijn vriendinnen waren niet erg over haar te spreken. Ze noemden de vrouw L'moesiba l'khla, De Donkere Catastrofe. 'Ze is gek,' fluisterden ze, 'een bemiddelaarster.'

'Een bemiddelaarster?' vroeg ik.

'Je zult haar nog wel leren kennen,' zeiden mijn vriendinnen. 'Zo'n knap meisje als jij laat ze zich niet ontgaan.'

'Daar komt De Catastrofe!' riepen ze, als de zakenvrouw ergens verscheen en dan stoven ze weg. Maar L'moesiba liet zich niet zo snel afwimpelen. Ze ging gewoon bij ons aan een tafeltje zitten in het café en deed net of ze erbij hoorde. Al snel trok ze het gesprek naar zich toe met haar harde vreselijke stem. Haar enorme derrière ging, net als de rest van haar lichaam, verborgen onder een monsterlijke zak van gordijnstof. De Catastrofe zag eruit alsof ze linea recta vanuit haar woestijndorp naar de grootste winkelstraat van München was gekatapulteerd.

Als L'moesiba was verdwenen, roddelden de meisjes over haar. Ze was een typische vrouw uit Casablanca: brutaal, luidruchtig en agressief. Er bestaat een mop in Marokko die iedereen kent. En die vertelde een van mijn vriendinnen op een dag.

'Kennen jullie die mop van de man met de drie vrouwen?'

'Nee,' logen wij in koor, want we wilden de mop gewoon graag nog een keer horen. 'Vertel!'

Dit is de mop. Een voorname rijke man uit de koningsstad Fes had drie vrouwen. Een uit zijn geboortestad, een Berberse uit het zuiden en een uit Casablanca. Hij ging elke nacht met een van de drie vrouwen naar bed. Na de eerste nacht met de vrouw uit Fes stond de vrouw plotseling op uit bed.

'Waar ga je heen, mijn duifje?' vroeg de man.

'Ik ga een stevige pepermuntthee voor mijn lief maken, zodat hij weer op krachten komt.'

De volgende nacht was de donkere uit het zuiden aan de beurt.

'Waar ga je heen mijn duifje?' vroeg de man toen zij opstond.

'Ik ga een kan met kostbare arganolie halen om mijn lief te masseren, zodat hij weer op krachten komt,' zei de Berberse.

De derde nacht was de vrouw uit Casablanca aan de beurt.

'Waar ga je heen, mijn duifje?' vroeg de man opnieuw.

De vrouw uit Casablanca draaide zich woest om, keek haar man aan en schreeuwde: 'Wat mot je, klootzak! Ik ben effe pissen. Ik ben zo terug.'

Zo'n type was dus L'moesiba en mijn vriendinnen en ik hadden een enorm ontzag voor haar.

Op een dag kreeg L'moesiba me alleen te pakken.

'Ik heb goed nieuws voor je, schatje,' kakelde ze.

Ik zei niets.

'Ik heb een klant voor je.'

'Een klant?' vroeg ik verbaasd.

'Ja, de beste soort die er is. Een sjeik!'

Als een Marokkaanse het woord 'sjeik' uitspreekt, staan de dirhamtekens in haar ogen. Ik moest meteen aan de Arabieren uit het Nabije Oosten denken die in de zomer als een ware plaag Agadir overspoelden. Ze zaten wijdbeens in hun djellaba's de meisjes aan te staren, hoe jonger en onschuldiger hoe beter, en gaven hun geld met bakken uit in Club Golden Gate. Daar had ik als serveerster gewerkt toen ik nog in Agadir woonde.

'Een sjeik? Ik wil geen sjeik.'

'Ssst, kindje,' De Catastrofe begon zowaar te fluisteren, 'deze sjeik is een uitzondering. Hij is een edelman, heel elegant, heel fris, heel goede manieren. Hij heeft je gisteravond gezien toen je met je vriendinnen uit was. Hij vindt je onweerstaanbaar.'

Ik moest lachen. Het was te zot voor woorden. Midden in Europa werd mij door een bemiddelaarster een sjeik aangeboden. Bizar!

'Ik vind het niet om te lachen, kindje!' siste De Catastrofe. 'We hebben het hier over veel geld!'

Plotseling werd me duidelijk dat De Catastrofe veel meer was dan een bemiddelaarster. Ze was een koppelaarster en ze wilde me verkopen.

'Wees niet dom,' fluisterde De Catastrofe en ze ging in de aanval over. 'Zoveel geld voor een beetje seks. Je bent mooi, maar arm. Daarna ben je mooi en rijk. En zo'n sjeik is niet de hele tijd in München. Die vliegt weer terug naar huis.'

De Catastrofe liet me er niet tussenkomen. 'Als je hem hebt ontmoet, betover je hem gewoon,' zei ze. 'Dat is beter dan een pensioenverzekering. Ik haal een paar stoffen luiers voor je van Woolworth. Daar vang je zijn sperma mee op. Je knipt het stukje stof met het sperma uit de luier, dompelt het in honing en wikkelt het stevig om een kaars. Als de kaars is opgebrand, zal de sjeik voor altijd en eeuwig in vuur en vlam voor je staan!' L'moesiba wreef in haar handen. 'We plukken hem helemaal kaal!' Opgewonden vergat ze even te spreken. Dat was mijn moment!

'Sorry, maar je bent bij mij aan het verkeerde adres.'

De mond van De Catastrofe viel open. Weerstand had ze niet verwacht.

'Verkeerde adres?'

'Ja, zuster,' zei ik. Ik probeerde diplomatiek te zijn omdat ik een beetje bang was voor de woede van De Catastrofe. 'Geef die meneer mijn telefoonnummer maar, dan zal ik het zelf met hem uitvechten.'

De Catastrofe snoof wantrouwig. 'Als je maar niet denkt dat je zo onder mijn provisie uit komt,' zei ze. En ze stond op en ging.

Ik ging snel naar een ander café. Wat was er gebeurd? Zoiets had ik nog nooit meegemaakt. Ik was gefascineerd door de brutaliteit van De Catastrofe. Maar ik was ook verontwaardigd over haar onzedelijke aanbod.

Een paar dagen later belde de sjeik inderdaad op. Hij heette Kamal, had een aangename stem en was helemaal geen sjeik. Hij was diplomaat en begeleidde landgenoten die voor een medische behandeling naar München kwamen.

Als het in de zomer in de woestijn extreem heet wordt, komen rijke Arabieren uit de Oriënt graag naar koelere oorden. Beieren is vanwege de Alpen met de besneeuwde bergtoppen, de heldere bergmeertjes en de goede infrastructuur erg geliefd bij Arabische miljonairs. Bovendien zijn er goede klinieken. Ondanks hun rijkdom prefereerden Kamals cliënten een medische indicatie voor hun bezoek aan München, dan wordt de reis namelijk door de staat betaald.

Kamal bleek zowel een grappige als beleefde gesprekspartner. En natuurlijk hadden we het hoofdzakelijk over L'moesiba.

'Ze sprak me aan toen ze had gadegeslagen hoe ik je observeerde,' zei Kamal.

'En toen?'

'Toen bood ze me jou te koop aan, net als een kameel op de markt,' lachte Kamal. 'Als de beste kameel op de markt.'

'Je meent het,' bromde ik.

'Ja, maar die vrouw had het mis. Dat wist ik meteen toen ik je zag. Want ik heb je de hele avond in het oog gehouden en je hebt me niet één keer aangekeken.'

Het telefoongesprek was zo leuk dat we een afspraak maakten voor een kop koffie. Maar ik was De Catastrofe vergeten. Meteen nadat ik de verbinding had verbroken, ging de telefoon opnieuw.

'En? Hebben jullie afgesproken?' riep De Catastrofe.

'Ja,' gaf ik toe. Er schoot me zo snel geen leugen te binnen.

'Maar niet zonder mij! Ik ben erbij!' riep De Catastrofe. En inderdaad zat ze de week erna samen met haar dikke zoon op het afgesproken tijdstip op de afgesproken plaats in een bistro. Ze had Kamal al verwikkeld in een levendig gesprek toen ik binnenkwam. Ze hing dwars over de tafel heen en zwaaide wild met haar armen. Kamal glimlachte als een boer met kiespijn.

Nadat ik was gaan zitten, gaf De Catastrofe me geheime tekens die me duidelijk moesten maken: maak je geen zorgen, ik maak het allemaal dik in orde. Maar ik maakte me helemaal geen zorgen. Kamal was inderdaad een erg verzorgde man. Hij droeg een maatpak en een das, zoals het hoort voor een diplomaat. Bovendien, en daar was ik het meest van onder de indruk, had hij geen cadeau voor me meegenomen zoals het in het Nabije Oosten gebruikelijk is als mannen een eerste afspraak met een vrouw hebben. Geen vreselijk duur, vreselijk stinkend parfum voor mij. Ja, *sayed* Kamal leek een sympathieke man!

Kamal en ik bestelden een kop koffie. De Catastrofe bestelde voor zichzelf en haar zoon natuurlijk een compleet menu, wat Kamal zonder morren betaalde. We slaagden er helaas niet in veel te praten, omdat L'moesiba ons niet aan het woord liet komen. Maar we ontmoetten elkaar daarna nog een keer, in het geheim en zonder onze bemiddelaarster.

Het bleek al snel dat Kamal, ondanks al zijn pluspunten, niet mijn type was en ik niet het zijne. Toch werden we goede vrienden. Hij nam me mee naar het Trader Vic's, in de kelder van het Bayerische Hof, het beste hotel in München. Ons gesprek verliep een beetje moeizaam, want Kamal sprak geen Duits en geen Marokkaans en ik verstond zijn woestijngebrabbel maar slecht. We besloten beiden algemeen beschaafd Arabisch met elkaar te spreken, maar hoewel ik het goed beheers, blijft het een vreemde taal. Het is alsof een Italiaan Latijn moet praten. Een ontspannen gesprekje krijg je er niet echt mee op gang.

Na het diner gingen we naar de nachtclub van het hotel, waar een groep mooie Arabische meiden de dansvloer onveilig maakte. Ze droegen geen hoofddoek en dansten uitgelaten op moderne discomuziek. Toen Kamal binnenkwam, was het gedaan met de goede stemming. Onopvallend trokken de meisjes zich terug aan hun tafeltjes.

'Wat is er aan de hand?' fluisterde ik Kamal in het oor.

'Ik ken hun ouders,' zei Kamal. 'Ze komen uit mijn land en nu zijn ze waarschijnlijk bang dat ik ze verraad. Kom, we gaan snel naar ze toe om ze gerust te stellen.'

Kamal begon in zijn dialect op de meisjes in te praten. Ik zag hoe hun gezichten ontspanden.

'Wat heb je gezegd?' vroeg ik.

'Dat ze best plezier mogen hebben,' zei Kamal en hij deed met zijn vingers of hij zijn lippen sloot als een rits. 'Ik kan zwijgen als het graf. Ik ben tenslotte diplomaat.'

De Catastrofe hoorde natuurlijk van ons bezoek aan het Bayerische Hof en stond niet lang daarna voor mijn deur. Ze had een vreselijk lelijke en eng uitziende vriendin ter versterking meegebracht.

'Denk je dat je mij kunt bedonderen?' riep ze en de lelijke vriendin echode: 'Bedonderen?'

'Hoezo?' Ik vond het beter om argeloos te doen. De twee vrouwen zagen er angstaanjagend uit.

'Hoezo, hoezo, hoezo!' hoonde De Catastrofe. 'Je bent stiekem met die sjeik uit geweest.'

'Nou en?'

'Je weet precies wat ik wil. Ik wil mijn aandeel van het geld!'

'Welk geld?'

L'moesiba keek wantrouwig om zich heen. Waarschijnlijk dacht ze dat ze iets in mijn appartement kon ontdekken, een bewijs van plotselinge rijkdom. Maar er was niets. Ik leefde nog steeds van de bijstand. Kamal had me mee uit eten genomen, maar meer ook niet.

'Zuster,' zei ik, 'ik heb je meteen gezegd dat je bij mij aan het verkeerde adres bent. Ik heb nooit getippeld en dat doe ik ook niet voor veel geld. Zoek maar een ander.'

Ten slotte zag De Catastrofe in dat er bij mij niets te halen viel.

Haar bemiddeling was dit keer mislukt. 'Dom blijft dom en arm blijft arm,' zuchtte ze en ze verdween uit mijn appartement en gelukkig ook uit mijn leven.

Kamal heb ik daarna nog een paar keer ontmoet. Ik reken hem ook nu nog tot mijn vrienden. We kunnen nog steeds lachen om De Catastrofe. O, en ooit heeft hij toch een cadeautje voor me meegenomen, in een grote witte doos van piepschuim.

'Maak maar open,' zei hij.

In de doos lag een grote, diepgevroren vis.

'Heerlijk vers,' zei hij trots.

Ik was verbijsterd. Nog nooit had een aanbidder me verrast met een diepgevroren vis. In Agadir, met de Atlantische Oceaan pal voor de huisdeur, was het een belachelijk cadeau geweest. Maar in de woestijn? Daar is een dode vis waarschijnlijk een kostbare schat.

OP ZOEK NAAR EEN DOEL IN HET LEVEN

Ondanks mijn Marokkaanse vriendinnen en ondanks mijn zoon, was ik met mijn leven in Duitsland niet tevreden. De verblijfsvergunning, het appartement en de bijstand zorgden weliswaar voor zekerheid, maar ik voelde me niet echt goed. Ik had geen doel. Ik wist dat ik daar iets aan moest doen, maar ik had geen zin om met mijn 23 jaar nog te beginnen aan een opleiding. Ik zat liever elke dag bij Shaima's zus thuis, in plaats van op pad te gaan voor een betere toekomst. De steun van mijn Marokkaanse vriendinnen voorkwam dat ik in een diep gat viel, toch waren ook zij niet in staat mijn leven zin te geven. Ik vond alles erg hol.

Op een dag werd ik gebeld door een vrouw die Hoeda heette. Ik kende haar oppervlakkig. Ze vroeg me of ik een vriendin van haar uit het Rifgebergte, met wie het niet goed ging, onderdak kon bieden. De vriendin was twee jaar daarvoor met haar Marokkaanse man naar Duitsland verhuisd, had twee zoons gekregen en had al sinds lange tijd een verblijfsvergunning voor onbepaalde tijd. Maar het ging niet goed in het huwelijk. Toen het gezin de zomervakantie bij familie in Marokko doorbracht, pakte de man het paspoort met visum van de vrouw af en nam de kinderen mee terug naar Duitsland. Dat was nu bijna een jaar geleden. De vriendin had inmiddels een nieuw paspoort en van de Duitse ambassade in Rabat zelfs een nieuw visum gekregen. Ze was naar Duitsland gekomen om haar kinderen te zien en te proberen ze terug te krijgen. Ik had medelijden met de vrouw en nam haar in huis.

Habiba was een rustige, knappe boerin die het graag langzaam-aan deed. Ze had nooit leren lezen en schrijven en ze sprak nau-welijks Duits. Ik begon erg mijn best te doen om Habiba te hel-pen, blij dat ik eindelijk weer eens een echte taak had. Ik werd overigens wel erg nerveus van haar traagheid. Als we vanwege haar zaak naar een overheidsinstantie of naar een advocaat moesten, verviel ze in een soort apathie. Ze zei bijna niets en ze bewoog zich als een slak. Als er iets te vieren viel, leefde ze echter helemaal op. Ze vond feestjes en cafébezoekjes geweldig en ik was helemaal verbaasd toen ze op een avond in vloeiend Duits een alcoholisch drankje bestelde.

'Wat doet ze nou?' vroeg ik aan een van mijn andere Marok-kaanse vriendinnen.

'Ze bestelt een speciaal drankje.'

'Wat voor speciaal drankje?'

'In Marokko drinken de hoeren dat.'

In Marokko wordt elke vrouw die alcohol drinkt als hoer be-schouwd, dus dacht ik er op dat moment verder niets bij. Maar ik zou me dit voorval later nog herinneren.

Habiba vertelde dat haar echtgenoot alles deed om haar van haar zoons weg te houden. Hij had haar bij alle instanties ge-meld als psychisch ziek, onzedelijk en een gevaar voor de kinde-ren. De school waar de jongens naartoe gingen, had de opdracht de vader meteen te informeren als Habiba zou proberen in con-tact met ze te komen. Toch lukte het mij om op school een ont-moeting tussen Habiba en haar zoons te regelen. Haar jongste zoontje vloog in haar armen en stamelde huilend: 'Mama, ma-ma.' Het was zo ontroerend dat ik ook begon te huilen. Maar toen kwam de oudste zoon, van ongeveer twaalf. Hij vloog ook op z'n moeder af, maar niet om haar te omhelzen. Hij pakte z'n broertje en trok hem bij Habiba weg.

'Je mag ons niet zien, mama!' riep hij in het Marokkaans. 'Ga weg!' En hij trok zijn jongere broertje dicht tegen zich aan.

Het was een vreselijke situatie. De twee kinderen trilden van emotie. Er kwam een lerares aan, die de kinderen meenam. Ik nam Habiba mee de straat op. Het was het droevigste weerzien dat ik ooit had meegemaakt. De tranen stonden me in de ogen. Gek genoeg toonde Habiba geen enkele reactie.

Vanaf die dag veranderde Habiba. Ze bleef 's nachts steeds langer weg, ontmoette allerlei mannen en had opeens op een dag een driekamerappartement en dure kleren. Mijn Marokkaanse vriendinnen roddelden dat ze waarschijnlijk in handen was gevallen van De Catastrofe. Maar hoe het precies zat, weet ik nog steeds niet. In elk geval bleven de kinderen bij hun vader. Ze zijn inmiddels volwassen.

Habiba en ik vervreemdden steeds meer van elkaar. Ik had ondertussen mijn huidige echtgenoot leren kennen en bracht met Samuel veel tijd met hem door.

Michael was journalist en leefde gescheiden van de moeder van zijn kinderen. Hij woonde alleen in een groot huis midden in Münchens mooiste stadsdeel Schwabing. De au pair van het gezin, die ondanks de scheiding nog steeds verantwoordelijk was voor de kinderen, kwam uit Marokko en heette Jalila. Ze was een nichtje van Rachida en hoorde dus ook bij de Marokkaanse vriendenkring.

'Hij is een grappige vent,' zei Jalila. 'Hij is wel iets voor jou. En hij is lief voor kinderen.'

Kennelijk kregen al mijn vriendinnen bij mij onmiddellijk het idee dat ze mij aan iemand moesten koppelen. Mij werden voortdurend zogenaamd onweerstaanbare types aangeboden. Ik was inmiddels erg wantrouwig. Toch had ik de nieuwe kandidaat al een paar keer aan de telefoon gehad als ik met Jalila wilde spreken en hij leek me erg sympathiek.

'Hij heeft vast een vriendin.'

'Ja, maar dat is niks,' zei Jalila. 'Het duurt niet lang meer.' En ze liet het verder rusten.

Maar het lot zat niet stil. Oudejaarsnacht 1998 brachten Jalila en ik samen door. Op nieuwjaarsochtend belde Jalila met haar 'baas' om hem een gelukkig nieuwjaar te wensen. Ik vond dat ik dat ook moest doen en dus riep ik ook een paar wensen door de telefoon. Daar reageerde Michael heel positief op.

'Moeten wij elkaar niet eens een keer leren kennen?' vroeg hij. Kennelijk had Jalila reclame voor me gemaakt. 'Kom toch gewoon morgenochtend met je zoon langs voor een kop koffie. Mijn kinderen zijn er ook.'

Ik was zo overrompeld door de uitnodiging dat ik meteen 'ja' zei. De volgende middag stond ik stipt om twee uur bij Michael voor de deur. Maar hij deed niet open. Jalila stond in de deuropening.

'Hij is nog boven,' zei ze.

Dat vond ik nogal onbeleefd, maar ik kreeg niet de tijd om erover na te denken, want Michaels kinderen sprongen boven op me. Clara was destijds twee en Emil zes. Ze konden het meteen goed vinden met Samuel, die maar een paar maanden ouder was dan Clara. Toen Michael eindelijk naar beneden kwam, hadden de openhartige, vrolijke kinderen mijn hart al veroverd.

Michael zoende me alsof we elkaar al jaren kenden. Ik kreeg pas daarna de kans om hem eens goed te bekijken. Hij was groot, slank en hij had een kaalgeschoren hoofd. Dat vond ik nogal… heftig. Jalila had me wel over een kaal hoofd verteld, maar ik had me meer een beetje kaal voorgesteld, zeg maar een hoog voorhoofd of een kale kruin, geen kaalgeschoren hoofd.

Enfin, ik kreeg niet lang de tijd geschrokken te zijn over kale hoofden, want Michael begon me in zo'n hoog tempo vragen te stellen over mijn leven, dat ik er bijna duizelig van werd. En hij ging er nog niet eens bij zitten. Terwijl ik hem meer geheimen uit mijn leven zat te verklappen dan aan alle mannen voor hem, worstelde Michael met een espressoapparaat.

'Sorry,' zei ik ten slotte.

Michael draaide zich verbaasd om.

'Je vraagt te veel. En te snel,' zei ik.

'Hoezo?' Michael keek oprecht verbaasd.

'Ik ken je nog helemaal niet en jij mij ook niet.'

'Daarom juist.'

Dat klonk best logisch. Ik kon een kuchje niet onderdrukken, waarop Michael meteen het volgende onderwerp aansneed.

'Je bent ziek.'

'Nee, ik ben alleen een beetje verkouden,' zei ik relativerend.

'Daar moeten we iets aan doen,' zei Michael en hij pakte het kopje cappuccino weer bij me weg. 'Ik zal een kop kamillethee voor je maken.' Meteen begon hij weer in de keuken te rommelen. Hij zocht theezakjes, kookte water en serveerde me ten slotte het hete brouwsel.

Ik moet toegeven dat het tempo waarin Michael mijn leven binnen banjerde, een beetje te veel was. Aan de andere kant vond ik het heerlijk dat hij me zo vanzelfsprekend verzorgde. Michael vertelde me later waarom hij zo had gedaan.

'Ik wist op het eerste gezicht dat jij de vrouw was met wie ik wilde trouwen.'

Hij wist het dus al meteen, maar dat wist ik niet. Op die tweede januari 1998 in Michaels mooie huis in Schwabing wist ik alleen maar dat ik me ondanks de onrust van deze man erg prettig voelde in zijn gezelschap.

'Is hij altijd zo?' vroeg ik aan Jalila in het Marokkaans.

'Ja,' antwoordde Jalila, ook in het Marokkaans. 'Hij heeft wormen in zijn kont.'

In Marokko noemen we mensen zo die nooit stil kunnen zitten en die altijd zelf actie ondernemen in plaats van erop te gaan zitten wachten dat de goddelijke voorziening alles wel zal regelen. Ik werd er nerveus van. Maar aan de andere kant beviel Michael me wel, ook omdat ik had besloten dat er wel een beetje meer dynamiek in mijn leven mocht komen. Ik was niet op zoek naar een man, maar wel naar een nieuwe uitdaging. Aan de periode met mijn Braziliaanse en Marokkaanse vriendinnen kwam een eind. Er stond iets nieuws te gebeuren en misschien had dat wel iets te maken met Michael.

De man die plotseling mijn leven binnen was komen zeilen was heel anders dan alle mannen die ik kende. Hij ging zo open en natuurlijk met mij en Samuel om, dat kende ik helemaal niet. Hoewel we elkaar pas een paar uur kenden, was alles heel ongedwongen. Ik vond het wel een beetje eng, maar deze man liet mij regelrecht in zijn ziel kijken. En dat kende ik ook niet. Zo close was ik met Walter en Robert nooit geweest. Michael was een open boek voor me.

Omdat ik verkouden was, bood ik weinig weerstand tegen de plotselinge zorgzaamheid. Het voelde als een warm bad. Michael wikkelde een sjaal om mijn nek en nam me mee naar boven, naar een hoge ruimte op zolder, waarvan de gevelwand verborgen ging achter een enorme boekenkast. Onder het zolderraam stond een avant-gardistische bank.

'Rust maar eens lekker uit,' zei Michael en hij wees naar de bank. 'Ik let wel op Samuel.'

Zo mak als een lammetje liet ik me op de bank vallen. Michael legde een deken over me heen en kuste me op mijn mond. Daarna ging hij naar beneden.

Daar lag ik, met de deken opgetrokken tot aan mijn kin. Ik durfde me niet te bewegen. Ik keek door het dakraam naar de hemel en naar al die boeken in de boekenkast. En ik moet in slaap zijn gevallen. Toen ik wakker werd, was het al donker. In huis was het stil. Ik liep naar beneden en vond Michael in de woonkamer.

'Waar is Samuel?' vroeg ik.

'In bed.'

'In bed?'

'Kijk maar eens op de klok hoe laat het al is. De kinderen slapen. Ik heb ze samen met Jalila naar bed gebracht.'

Ik was opnieuw verbaasd. Samuel had zich zonder verzet door een vreemde man naar bed laten brengen. Dat gaf te denken. In positieve zin dan. Ik kreeg een heel warm gevoel vanbinnen. Samen met Michael sloop ik de kinderkamer binnen waar Samuel en Clara eensgezind naast elkaar lagen. Zijn donkere krullenkop naast haar blonde haar. Het was een prachtig gezicht.

Daarna kookte Michael iets. Bedreven klepperde hij met de potten en pannen en toverde hij een heerlijk maal uit zijn hoed. In de woonkamer brandde het haardvuur, het was een romantische avond.

Natuurlijk was ik me ervan bewust dat ik later mijn zoon zou moeten wekken om naar huis te gaan. Maar ik was ook niet meer verbaasd toen Michael voorstelde om te blijven logeren.

'Je kunt bij Jalila slapen, in haar kamer, of bij mij,' zei Michael. 'Mijn bed is groter.'

Ja, dat vond ik nou weer niet fatsoenlijk. Vragend keek ik Jalila aan. Die beet geloof ik op haar lip om niet in lachen uit te barsten.

'Kijk me niet zo aan,' zei ze in het Marokkaans, 'Je bent toch niet bang, of wel?'

'Natuurlijk ben ik niet bang, maar ik ken hem eigenlijk helemaal niet.'

'Nou, dan is dit je kans,' zei Jalila en ze verdween naar de keuken om op te ruimen.

Ik bleef alleen achter met Michael.

De volgende dag ging ik schone kleren uit mijn appartement halen. Daarna keerde ik terug naar de man die mij in zijn ban had en we brachten de middag en nacht opnieuw samen door. Er was iets wat ons verbond, iets heel sterks.

Het duurde nog een tijdje voor ik definitief voor Michael koos. Zijn hartelijkheid en het grote vertrouwen dat binnen korte tijd tussen ons was ontstaan waren heel positief. Negatief was Michaels ex-vriendin, een grote blonde Duitse, die hem bleef achtervolgen nadat hij het met haar had uitgemaakt. Maandenlang stalkte ze ons. Ze belde voortdurend op, stond opeens voor de deur, maakte de kinderen zenuwachtig en beledigde mij.

'Micheltje, ik wist helemaal niet dat je een nieuwe schoonmaakster hebt,' was een van haar opmerkingen. Op de Münchense Viktualienmarkt sprong ze een keer achter een kraampje vandaan en riep: 'Junglekut!' Waarna Clara aan haar vader vroeg wat een junglekut was. Michael antwoordde ontwijkend.

Aanvankelijk besloten we de terreur te negeren. We huurden samen een appartement in een statig oud pand, met een zware, tweedelige deur die je alleen met geweld open kon krijgen. Toch stond de vrouw op een avond gewoon binnen. Ze begon dingen uit de kasten te rukken en kapot te maken. Ze gooide mijn ondergoed de kast uit, scheurde mijn bh's aan flarden en kiepte inkt over Michaels bureau.

Michael bleef er verbazingwekkend laconiek onder. Daarom deed ik ook mijn best rustig te blijven, maar opeens liep de situatie uit de hand. De vrouw haalde uit en sloeg Michael met de vlakke hand in zijn gezicht. Het geluid van de klap dreunde na in mijn oren. Opeens voelde ik een ongelooflijke woede en kracht. Deze vrouw was onze woning binnengedrongen en had de man van wie ik hield aangevallen en vernederd. Dat liet ik niet toe. Er waren grenzen.

Ik was in Agadir min of meer opgegroeid als straatkind en ik wist wat overlevingsdrang was. Op een bepaald moment moet je vechten, anders ben je er geweest. En dit was zo'n moment. Mijn verstand ging op nul en mijn ogen vernauwden zich. Ik was een brok adrenaline. Zonder vrees trok ik de vrouw, die veel groter was dan ik, aan haar haar naar beneden.

'Je bent te ver gegaan,' siste ik. 'Verdwijn uit ons leven. Voor altijd! Rot op! Nu!'

Ik zag de angst in haar ogen en wist dat het voorbij was.

Een paar weken later bleek helaas dat er nog iets voorbij was. Het had te maken met de verlenging van mijn verblijfsvergunning.

De lelijke man met de dikke bril was ongewoon goed gehumeurd. 'Verblijfsvergunning? Verlenging?' De man grinnikte tevreden. 'Hier niet.'

Ik werd onzeker, maar dacht eerst dat hij me gewoon aan het lijntje wilde houden.

'Waarom niet?' vroeg ik.

'Dat zou u toch eigenlijk moeten weten.'

'Nee, dat doe ik niet. Ik heb geen flauw idee waar u het over hebt.'

'Ik heb het hierover,' zei de man en hij gooide een dossier in mijn richting. 'U bent aangeklaagd wegens het toebrengen van zwaar lichamelijk letsel. Dus wordt uw verblijfsvergunning niet verlengd.' Hij grijnsde gemeen.

Ik was sprakeloos. In het dossier stond dat ik door de grote blonde Duitse die mijn man had mishandeld was aangeklaagd. Er stond ook in dat ze door mij blauwe plekken, kneuzingen en schaafwonden had opgelopen. Wat een situatie! Opeens was mijn toekomst niet veilig meer. Moest ik Europa verlaten? Waar moest ik heen met Samuel? Naar Marokko, het land dat voor mij verbonden was met zoveel leed? Waar moest ik van leven? Ik werd helemaal wanhopig.

De rechtszaak kwam maanden later voor. Mijn advocaat adviseerde me mijn excuses aan de Duitse aan te bieden. Dat deed ik, hoewel het niet makkelijk voor me was. Daarna was de zaak rond en kreeg ik een verblijfsvergunning voor onbepaalde tijd. De ex-vriendin heb ik nooit meer gezien.

De strijd met de grote blonde Duitse en de gevolgen waren een onaangename ervaring geweest. Toch zat er ook een positieve kant aan. Ik had gewonnen en dat gaf me enorm veel energie. De maandenlange terreur was voorbij en mijn relatie met Michael ontwikkelde zich nu in een razendsnel tempo. We woonden samen en ik voelde me door hem, zijn kinderen en zijn omgeving helemaal geaccepteerd. En dat was nieuw voor me.

Ik leerde Nadja kennen, Michaels zus. Ze was een gepromoveerd biologe die als wetenschapster lange tijd onderzoek had gedaan in het Rifgebergte, waardoor ze dus veel van mijn land wist. Ze had onderzoek gedaan naar de parasieten bij schapen en geiten. Met haar rode Fiatbusje was ze door het woeste land van de Rif-Berbers, de *Rifyin*, gecrost, waar gure types hennep kweken voor de hasjproductie. In Marokko gaan de Rifyin door voor zeer gevaarlijk en onberekenbaar. Je kunt ze maar beter uit de weg gaan. Ik bewonderde Nadja dus heel erg. De herders hadden Nadja Madame Fiat Rouge genoemd. Ze stonden altijd met handen vol schapen- en geitenkeutels langs de kant van de woestijnweg te wachten tot ze langskwam. De uitwerpselen werden geanalyseerd in een geïmproviseerd laboratorium op een camping aan het strand van de Middellandse Zee.

Michaels moeder behandelde me afstandelijk maar met respect. Iemand als zij had ik nog nooit ontmoet. Ze was een eigenzinnige, zeer ontwikkelde Noord-Duitse die in het zuiden terecht was gekomen. Ze woonde met een heleboel dieren op een honderd jaar oude boerderij. Ze was auteur. Michaels vader was lang geleden overleden.

Behalve Clara en Emil had Michael nog een bijna volwassen zoon, Jamie. Hij was maar zeven jaar jonger dan ik en er ontstond meteen een vriendschappelijke band tussen ons. Jamies moeder, een temperamentvolle, elegante Portugese met de prachtige naam Maria de Lourdes, was bijna twee keer zo oud als ik. Ook zij hoorde er vanzelfsprekend bij. Haar aanwezigheid was heel prettig voor me, want zij kende Michael na al die jaren door en door. Als ik zijn gedrag soms niet begreep, legde zij met een paar zinnen uit wat er aan de hand was.

De geborgenheid in Michaels familie deed me goed. Michael had veel begrip voor mijn verleden en ik accepteerde zijn patchworkfamilie.

Twee jaar nadat we elkaar hadden leren kennen, wilden we trouwen. Maar dat bleek niet zo gemakkelijk. De ambtenaren van de burgerlijke stand gaven ons een lijst mee waarop alle benodigde papieren stonden aangekruist.

'Dit moeten we allemaal hebben?' vroeg ik verbijsterd.

'Ja, het is nogal gecompliceerd als een moslima wil trouwen met een niet-moslim,' zei men bij de burgerlijke stand.

De Duitse staat houdt bij internationale huwelijken als het onze rekening met het recht in beide betrokken landen, zo bleek. Dat betekent bij een huwelijk waarbij een Marokkaanse betrokken is, dat de vader van de bruid toestemming moet geven en, in ons geval, ook de staat. Maar dat was bij ons dus moeilijk. Mijn vader had zijn toestemming misschien wel verleend, hoewel dat voor een moslim eigenlijk streng verboden is: zijn dochter laten trouwen met een niet-moslim. Vader was echter nooit bijzonder gelovig geweest. Alleen, hij zat in de gevangenis en daar schoten we dus niets mee op. En de Marokkaanse staat? Die zou ons huwelijk nooit toestaan.

'Tja,' zei men op het gemeentehuis, 'dat probleem kennen we. Maar er is een oplossing!'

De oplossing was een soort oordeel van de rechtbank, dat onder bepaalde omstandigheden kan worden ingestemd met het voorgenomen huwelijk zonder de benodigde papieren als blijkt dat die onmogelijk te achterhalen zijn. Dat zou echter een langdurige procedure met veel papier hebben betekend en daar had ik geen zin in.

'Verdorie,' steunde ik, 'dat kan maanden duren!'

De ambtenaren knikten instemmend. Een van de vrouwen boog zich over de balie.

'Mag ik u een tip geven? Ga naar Denemarken. Daar hebt u alleen uw paspoort nodig om te mogen trouwen. Uw Deense huwelijksakte wordt zonder problemen erkend en omgezet in een Duitse.'

En zo stonden wij op een druilerige vrijdag in september in het mooie gemeentehuis van Tondern, vlak over de grens in Denemarken. Hier werd alleen op vrijdag getrouwd en al snel bleek dat wij niet de enigen waren die van de huwelijksroute via Denemarken wisten. Het hele dorp wemelde van de bruidsparen: donkere bruidegom-blanke bruid, blanke bruidegom-donkere bruid. Het was een komisch gezicht, vooral omdat iedereen er hetzelfde uitzag. Er was maar één bloemenzaak en één kapper in Tondern. Alle bruidjes droegen dus dezelfde kapsels en dezelfde boeketjes.

De vriendelijke ambtenaar van de burgerlijke stand Tondern verklaarde ons in een hoog tempo en in uitstekend Duits tot man en vrouw, bijgestaan door twee plaatselijke bejaarde getuigen. Het hele proces was natuurlijk niet erg romantisch, maar zeer effectief. De Deense huwelijksakte wordt opgemaakt in vijf Europese talen en overal in de EU erkend. Al een paar dagen later werd de akte door de burgerlijke stand in Berlijn erkend. Sindsdien zijn Michael en ik voor de wet man en vrouw.

Mijn zelfverzekerdheid had een enorme sprong gemaakt en ik begon alles te regelen wat ik tot op dat moment voor me uit geschoven had. Om te beginnen: de erkenning van mijn schooldiploma. Dat liep op niets uit, want mijn Marokkaanse examen was in Duitsland niets waard. Dus besloot ik in München een

Duits middelbareschooldiploma te gaan halen. Ik wilde leren wat de Duitsers leren: de belangrijkste dichters, de geschiedenis van Europa, Hitler en de Tweede Wereldoorlog. Hoe werkt het politieke systeem? Hoe is het land opgebouwd? In Marokko had ik hier niets over geleerd. Ik wilde weten hoe democratie in Europa werkt.

Vooral het christendom interesseerde me. In Marokko had ik alleen maar geleerd dat een niet-moslim een ongelovige is die naar de hel gaat. Ik had inmiddels veel christenen en joden leren kennen en die waren zo aardig, dat ik me niet kon voorstellen dat ze vervloekt waren. Dus hield ik me intensief bezig met de verschillende godsdiensten en leerde ik dat het christendom veel ouder is dan de islam, en het joodse geloof nog ouder! Ik ontdekte ook de schoonheid van het gebod naastenliefde. Niet normaal voor een moslim.

Ik had mijn eigen geloof niet opgegeven, integendeel. Maar ik zag in andersdenkenden geen bedreiging meer. Ze waren een verrijking. Mijn geloof in Allah was eigenlijk alleen maar sterker geworden. Ik denk dat ik nu een betere moslima ben dan vroeger. Ik hoef het alleen niet uit te dragen. Mijn geloof zit in me. Het is een geschenk, geen wapen om andere mensen te discrimineren, laatdunkend te behandelen of te vervolgen.

Michael steunde mijn honger naar kennis. Hij gaf me het gevoel dat ik alles kon bereiken. En dat was nieuw voor me, dat er iemand bestond die in me geloofde.

'Doe iets,' zei Michael, 'het maakt niet uit wat het is. Het lukt je wel. Je bent intelligent, jong, Sami zit op de kleuterschool… Ik zou niet weten wat er op tegen is. Ik zorg voor ons en jij zorgt voor je toekomst.'

Ik meldde me aan voor een cursus Engels aan de volksuniversiteit. Daarna meldde ik me aan bij een middelbare school en keerde ik een jaar terug naar de schoolbanken, midden tussen de tieners. Samen met een Braziliaanse was ik de oudste van de klas. Aan het leren moest ik eerst ook weer erg wennen, het was al lang geleden. Ik haalde mijn diploma en meldde me aan bij een opleiding tot kleuterleidster, omdat ik had gemerkt dat ik graag iets met kinderen wilde doen.

Mijn weg was lang en zwaar. Ik was veel ouder dan mijn meeste medescholieren en toen mijn vader op een gegeven moment stierf, had ik bijna niet meer de kracht om door te gaan. Ik denk dat ik het heb gered omdat er eigenlijk geen alternatief was. Als ik het heft in eigen handen wilde houden, mocht ik niet opgeven.

Achteraf gezien, kan ik elke buitenlander een bezoek aan een Duitse school aanraden. Vooral de opleiding tot kleuterleidster was een bron van Duitse tradities en gewoontes. Ik leerde er hoe men in Duitsland kookt, wast, schoonmaakt, praat, denkt, knutselt, breit, kiest, bureaucratie in stand houdt, klaagt, formulieren invult, ruziemaakt en conflicten bijlegt. Ik leerde over Goethe, Hesse, Beethoven, Wagner, Dürer en Koning Ludwig ii Van Beieren.

Natuurlijk stond de kinderopvoeding centraal. Ik was verbluft hoeveel mensen hebben nagedacht over pedagogiek. Alles is geanalyseerd en georganiseerd: hoe je een ontbijttafel dekt, welke kinderliedjes je op welke leeftijd zingt, welke spelletjes er bestaan, wat er gegeten moet worden (en wat niet), hoeveel er gedronken moet worden om niet ziek te worden, wat je moet doen als je luizen hebt ontdekt, hoe je papieren scheepjes vouwt en hoe je kinderen veilig en goed door hun kleuterschooltijd heen loodst.

Sommige dingen vond ik wat ouderwets, maar ik was er van onder de indruk hoe serieus al deze dingen op school behandeld werden. Elke dag op school overtuigde me meer dat ik deze opleiding tot een goed einde wilde brengen. Ik ontdekte hoe belangrijk de kleuterjaren zijn in de ontwikkeling van de persoonlijkheid en het karakter van een kind en dat dan de basis voor later wordt gelegd.

Ik ben vroeger nooit naar de kleuterschool geweest. In Agadir bestond destijds alleen een kleuterschool voor rijke kinderen.

Mijn vader stuurde mij naar een Koranschool waar de *talib* met een stok voor discipline zorgde. Hij schrok er niet voor terug de stok te gebruiken als je bij het opzeggen van een soera begon te haperen. Het Duitse schoolsysteem leek me dus veel liberaler, praktischer en beter voor kinderen.

Met mijn toenemende kennis, ook van de Duitse cultuur en samenleving, groeide mijn zelfvertrouwen. En omdat ik nu veel zelfverzekerder optrad, werd ik ook anders behandeld. Ik hoorde er opeens bij. Als er nog iemand was die meende me te moeten tutoyeren en met me te praten alsof ik vanwege mijn huidskleur debiel was, werd dat eerder pijnlijk voor hem of haar dan voor mij.

Mijn relatie met Michael was heel communicatief. Mijn man reisde en beleefde veel als hij onderzoek deed en hij kon er prachtig over vertellen. Ik had ook elke dag iets te vertellen. Over school, over mijn klasgenoten en over mijn stages op verschillende kleuterscholen. Of over de interessante mensen die ik bij mijn opleiding tegenkwam.

Er was bijvoorbeeld een ambitieuze veertigjarige vrouw die in alle vakken het hoogste cijfer scoorde, maar die uiteindelijk geen baan vond. Het ontbrak haar volgens mij aan emotionele intelligentie. Ik kon me niet voorstellen hoe ze met kinderen omging. Er moest iets mis zijn gegaan in het leven van deze vrouw, maar ik heb nooit kunnen achterhalen wat het was, omdat we nooit met elkaar in gesprek zijn gekomen.

Dan was er een zestienjarige junkie, die al na een paar maanden van school werd gestuurd. Daar was ik niet rouwig om, want de jongen stonk omdat hij zich vanwege zijn verslaving verwaarloosde.

Er was ook een getalenteerde zangeres uit Rwanda. Helaas was ze een enorme slaapkop en lukte het haar zelden op tijd op school te komen.

En dan waren er twee heel verschillende meisjes met wie ik het goed kon vinden. Frizzi was een heel lieve, onaangepaste hippie van het platteland die elke dag met de trein naar München kwam. Ze had het de hele tijd in geuren en kleuren over Berlijn. Het andere meisje heette Sibel. Ze was een knappe Turkse *gangstagirl* die meteen met lichamelijk geweld dreigde als je haar een seconde te lang aankeek. Onder de ruwe bolster zat echter een blanke pit. Sibel werd een superkleuterleidster.

Toen ik klaar was met mijn opleiding verwaterde het contact al snel, omdat we in alle windrichtingen uiteengingen. Frizzi ging Amsterdam ontdekken, Sibel kreeg meteen een baan en ik besloot een boek te gaan schrijven. En dat zou mijn leven nogmaals grondig op z'n kop zetten.

Mijn eerste boek schreef ik toen ik negen was: mijn dagboek. Ik vertrouwde er mijn lot aan toe. Ik was destijds een klein meisje met een bijna zwarte huid door de zon en krullen die grijs waren uitgeslagen door het bleekmiddel waarmee mijn haar moest worden gewassen bij gebrek aan shampoo. Mijn vader had mijn moeder vermoord en ik woonde met mijn broer en een paar van mijn zussen bij mijn oom en tante. We werden er slecht behandeld. Soms moesten we honger lijden en soms werden we geslagen. Ook de onderwijzer mishandelde ons. Hij sloeg ons met een tuinslang als we te laat op school kwamen. 's Nachts sliepen mijn broer, zusjes en ik op een stuk karton onder een oud schapenvel op de bovenverdieping van ons huis. Nadat mijn moeder was overleden en mijn vader in de gevangenis terecht was gekomen, hadden onze nichten en neven onze bedden gekregen. Wij waren de kinderen van een moordenaar, verschoppelingen.

De eerste passage in mijn dagboek luidde:

'Ik ben Ouarda Saillo en ik ben negen jaar. Ik verloor mijn ouders toen ik vijf was. Sindsdien woon ik bij mijn oom en tante met hun gezin. Mijn oom is heel sterk. Hij lijkt wel een leeuw. Mijn tante is gemeen tegen me. Ze krabt me met haar scherpe vingernagels tot ik begin te bloeden. Ze krabt me op plekken die je niet aan mag raken. Ik ben bang voor mijn neven. Ze zijn erg gewelddadig en ze slaan ons. Ze komen elke nacht naar ons toe en dan willen ze knuffelen.

Daarom durf ik niet in slaap te vallen. Ze wassen nooit hun handen na de wc en ze smeren hun poep aan de muur.'

Ik schreef mijn dagboek op wat blaadjes uit mijn schoolschrift. Ik had gezien dat mijn zus Rabiaa alles opschreef wat ze meemaakte. Rabiaas dagboek was oud en groot. De bladzijden waren al donker, bijna bruin en er zaten ezelsoren in. Rabiaa kon heel mooi schrijven. Bij haar klonk alles als een gedicht, ook de erge dingen die we meemaakten. Ik was er soms bij als ze iets opschreef met haar BIC pen. Ik begreep elk woord, hoewel haar taal heel poëtisch was. Mijn hart begreep de inhoud. Het kostte me geen moeite. Rabiaa lette er goed op dat haar boek niet in handen van onze familie viel. En ik wilde dat ik ook zo'n mooi oud, dik en bruin boek als Rabiaa had, als ik op mijn blaadjes schreef.

Maar zover kwam het niet. Natuurlijk ontdekte een van mijn nichtjes het dagboek waar ik net aan begonnen was. Ze griste het uit mijn hand en riep triomfantelijk: 'Kijk eens wat ik hier heb!'

'Geef terug! Het is van mij!' gilde ik.

Maar mijn nicht was ouder en groter dan ik. Ik had geen schijn van kans tegen haar. Ze begon hardop uit mijn dagboek voor te lezen. Mijn tante en de overige nichten en neven amuseerden zich kostelijk.

Opeens vernauwden de ogen van een van mijn nichtjes zich tot spleetjes, een moment waar ik altijd heel bang voor was.

'Kijk eens wat ik met je leugenachtige rotzooi doe?' zei ze honend. 'Dat doe ik ermee,' riep ze en ze scheurde de blaadjes in snippers.

Ik was verlamd van schrik, maar voelde ook dat mijn nichtje beledigd was. Ze was diep getroffen door de waarheden die ik op papier had gezet en die weliswaar bij deze familie hoorden, maar die er zwart op wit best heftig uitzagen. En kennelijk vond ze dat erg.

Als ik nu kijk naar wat er toentertijd is gebeurd, ben ik milder in mijn oordeel. Vroeger was ik bang, nu heb ik medelijden met mijn neven en nichten. Met mijn oom en tante kregen ze niet de kans om zich goed te ontwikkelen. Waarden en normen bestonden in het gezin niet. Ze hadden nooit geleerd dat er andere mogelijkheden dan schreeuwen, vloeken, spugen, krabben en vechten bestaan om een conflict op te lossen. In dit gezin bestond geen trots, geen moraal en geen cultuur. Ze hielden zich nog niet eens aan de geboden van het geloof.

Ik heb sindsdien in Agadir nooit meer iets persoonlijks opgeschreven, behalve dan die ene keer in de zomer, toen ik een Italiaanse jongen had ontmoet die zijn vakantie in Agadir doorbracht. Hij heette Giovanni Sergio en ik vertrouwde hem zozeer dat ik besloot hem een brief te schrijven waarin ik probeerde hem mijn leven uit te leggen. Maar nog voor ik de brief in een envelop kon doen, werd ik opnieuw door hetzelfde nichtje betrapt.

'Wat is dat voor brief?'

'Niks bijzonders,' loog ik. Ik was inmiddels achttien en ik liet me de kaas niet meer van het brood eten. 'Ik schrijf een vriend.'

'Laat eens zien.'

'Nee.'

'Ik wil alleen maar zien hoe je schrijft, je stijl.' Ze pakte de brief en begon te lezen. Dit keer verscheurde ze niet wat ik had geschreven, maar aan haar gezicht kon ik zien hoe verbitterd ze was over mijn beschrijving van haar ouders, broers en zussen. Ze voelde kennelijk dat ik sterk genoeg was geworden om me niet meer te laten vernederen. Ik had me namelijk op dat tijdstip al van mijn familie gedistantieerd. Ik kon ze niet eens meer haten. Ze konden me gewoon niets meer schelen.

Nu was ik in Duitsland en het werd tijd Michael met mijn verleden te confronteren. Het is altijd moeilijk een goed tijdstip voor dit soort onthullingen te vinden. Je vertelt niet bij het eerste afspraakje tussen neus en lippen door: 'Ach, overigens, mijn moeder is door mijn vader doodgestoken, gewurgd en in brand gestoken en hij zit daar nog steeds voor in de gevangenis.' Maar het is ook niet goed om erover te zwijgen. Walter kende destijds mijn situatie, hij had me er tenslotte uit bevrijd. Robert kende het verhaal in hoofdlijnen, maar meer ook niet. En nu was er Michael en bij hem vond ik het plotseling heel gemakkelijk om over mijn gevoelens te praten. Ik gooide het er allemaal uit.

Michael toonde zich niet geschokt. Kennelijk had hij als journalist al ergere verhalen gehoord. Hij was wel geïnteresseerd en aangedaan. Ik geloof dat hij begreep wat ik door had moeten maken. Ik vertelde hem steeds meer details. Er kwamen steeds meer gevoelens naar boven: gevoelens van vernedering en hulpeloosheid.

Opeens onderbrak Michael me: 'Stop! Even pauze. Mijn hoofd zit helemaal vol en mijn hart verdraagt het niet meer.'

Ik vertelde de volgende avond verder, en de avond erna, en de avond daarna. En toen moest Michael op reis voor zijn werk. Voordat hij afscheid nam, deed hij me een voorstel.

'Schrijf het op,' zei hij vlak voor hij naar het vliegveld reed. 'Je zult zien dat schrijven machtiger is dan praten. Wat je op papier vasthoudt, verliest zijn gruwelen. Schrijven beteugelt het leven, structureert het.' En hij duwde me een van zijn dikke Five Star-schrijfblokken met spiraal in de hand, die hij altijd uit Amerika meenam en waar niemand aan mocht komen.

Even later zat ik met dat schrijfblok in bed en begon mijn hand als vanzelf te schrijven. Ik schreef mijn gedachten op. En wat zo vreemd was, ik schreef niet in de vertrouwde Arabische tekens, maar in het Duits. Het blok heb ik nog steeds.

'Mijn moeder was zeventien toen ze door haar ouders werd uitgehuwelijkt. Ze stierf toen ze 29 was. Ze was altijd gelukkig als mijn vader er niet was. Ze was bang voor mijn vader. Hij sloeg haar soms zonder aanwijsbare reden. Gewoon zomaar, omdat hij er zin in had. Een keer sloeg hij haar halfdood voor mijn ogen, omdat ze voor de voordeur naar ons had staan roepen. Sindsdien zette ze geen stap meer buiten de deur.

Mama had alleen ons. Soms sloot mijn vader haar op. Dan

mocht ze niets eten en niets drinken. De buren wisten het en probeerden ons te helpen door op het dak van hun huis te klimmen en eten op ons dakterras te gooien. Mijn vader was verslaafd. Hij verloor z'n verstand. Elke dag deed hij anders. Soms was hij lief en soms was hij onrechtvaardig. Soms mochten we geen gele kleren dragen en verbrandde hij alles wat geel was, zelfs onze schoolboeken. Een tijdlang was zijn lievelingskleur zwart. We moesten allemaal in het zwart gekleed gaan en mijn vader schilderde alle muren zwart. (Dat was vlak voor hij moeder vermoordde, die op dat moment zeven maanden zwanger was.)'

Ik had het belangrijkste, het ergste, het vreselijkste, tussen haakjes geschreven. Ik moest steeds onderbreken, omdat mijn tranen het papier doorweekten. Maar ik kon ook niet ophouden. Ik moest verder schrijven:

'Op 19 september 1979 doodde mijn vader mijn moeder op het dak van ons huis. We zaten te ontbijten toen mijn vader ons naar buiten stuurde. Mijn jongere zusjes Ouafa en Asia nam ik mee naar buiten. Vlak voor ik het huis verliet, zei mijn moeder heel kalm: 'Ouarda-ti, mijn bloempje, je vader wil me vermoorden. Ga snel naar de buren en ga het ze zeggen.' Maar ik was zo druk met mijn zusjes dat ik het vergat. Tot ik vanaf de straat zag dat er iets brandde op het dak van ons huis. Dat was moeder. Ze was dood. Het was voorbij. Ik huilde niet, want diep in mijn hart was ik blij voor haar. Na de dood kom je in het paradijs en dan word je gelukkig, vooral als je zo onschuldig bent als mama.'

Pagina voor pagina schreef ik vol met bloklettertjes en mijn hart deed pijn. Dag in dag uit en elke nacht legde ik mijn ziel bloot op het papier van mijn Five Starschrijfblok met spiraal. En toen ik las wat ik had opgeschreven, was ik verbijsterd. Ik had nog nooit gedurfd me zo met mezelf bezig te houden. Ik was onder de indruk en geschrokken tegelijk over wat er op het matte lijntjespapier stond in het mij zo bekende handschrift. Ik kon niet geloven wat er allemaal naar buiten kwam: de wanhoop, de angst en de drang om te overleven.

Zenuwachtig begon ik op mijn nagels te kauwen. Op een gegeven moment begon er behalve de tranen ook bloed op het dekbed te druppelen. Dat vond ik wel passend: tranen en bloed, bloed en tranen. Hoeveel tranen, hoeveel bloed had mijn moeder vergoten voor ze werd vermoord. Bloed en tranen, tranen en bloed. Ik was kwaad op Michael. Hij had de poort naar de hel van het verleden geopend en me naar binnen geduwd. En nu verdronk ik bijna en was hij er niet. Net nu ik hem zo nodig had.

Toen Michael eindelijk thuiskwam, zat ik apathisch in ons bed, met bloedende vingertoppen en dik gezwollen ogen van het huilen. Ik had al mijn tranen vergoten. Geschrokken nam hij me in zijn armen. Ik voelde hoe de spanning van me afgleed.

'Wat is er gebeurd?' vroeg hij.

'Ik heb alles opgeschreven. Het was vreselijk, maar ik kon niet ophouden. Ik wilde stoppen, maar het ging niet.'

'Laat eens kijken,' zei Michael en ik gaf hem het schrijfblok.

'Nee, niet het blok, je vingers.'

Michael stopte me in bad, desinfecteerde mijn wonden en kuste mijn ogen. Daarna begon hij te lezen wat ik had opgeschreven. En hoewel mijn Duits niet perfect is, mijn grammatica onzeker en mijn stijl twijfelachtig, hield Michael zijn adem in toen hij mijn herinneringen las.

Toen hij klaar was met lezen, zei hij heel lang niets. Daarna ademde hij diep uit, een zucht was het meer, voordat hij me weer in zijn armen nam en ik zijn tranen op mijn wang voelde.

'Dit is zo verdrietig,' zei hij ten slotte. 'Het is zo verdrietig en zo mooi.' Hij veegde de tranen uit zijn ooghoeken en schraapte zijn keel. 'Je moet er een boek van maken.'

Zo had ik het nog niet bekeken. Mijn lot was vooral mijn lot. Het was vreselijk en droevig, maar het was van mij en alleen van mij. Aan de andere kant had het me ondanks alle zielenpijn goed gedaan mijn belevenissen op papier te zetten en van me af te schrijven. Schrijven deed iets: het gaf de gruwelen vorm en luchtte enorm op.

Dus begon ik met de gedachte te spelen om mijn lot openbaar te maken. Ik had geen idee wat de gevolgen zouden kunnen zijn. Maar ik vermoedde wel dat ik heel sterk moest zijn om de stap te wagen. Ik vroeg me af of ik wel de kracht had om met mijn verleden in de openbaarheid te staan. En ik kwam er niet verder mee. Dus vroeg ik Michael of ik het wel aan zou kunnen. Hij twijfelde geen moment: 'Natuurlijk.'

Ik was niet overtuigd. Als ik de waarheid wilde vertellen, moest ik heel intieme momenten uit mijn leven openbaar maken. Ik zou mijn familie aan de schandpaal moeten nagelen en mijn land zwartmaken. En dat mag niet in de islam. Maar als ik een boek over mijn leven wilde schrijven, mocht ik me daar niets van aantrekken. Wilde ik dat echt?

Ik vond het aan de andere kant best belangrijk om te praten over de erbarmelijke omstandigheden waaronder niet alleen ik, maar ook andere kinderen in Marokko waren opgegroeid en nog steeds opgroeien. De dood van mijn moeder en het lot van mijn familie hadden zoveel te maken met de sociale realiteit in Marokko, met de positie van de vrouw in de islam en met de waardering van vrijheid en individuele waardigheid. Ik werd heen en weer geslingerd. Ik wilde wel, maar ik durfde niet.

Michael was niet erg onder de indruk van mijn twijfel. Hij gaf mijn notities aan een literair agent. Die gaf ze door aan een uitgeverij en twee weken later zat ik met de uitgever in een van de beste restaurants in München. Hij kon zich goed voorstellen dat er veel mensen geïnteresseerd waren in mijn verhaal.

'Echt?' zei ik. Ik kon het me nauwelijks voorstellen.

'Echt,' zei hij.

En dus was het duidelijk dat ik mijn boek ging schrijven. Maar het was niet eenvoudig voor me. Alles uit mijn verleden werd weer opgerakeld. Gelukkig steunden mijn zussen me, en Michael ook. In het voorjaar van 2004 verscheen mijn boek

Dochter van Agadir in Duitsland onder de titel *Tränenmond.* Die titel had de uitgeverij uitgezocht. Voor de coverfoto was ik naar een fotostudio gestuurd. Het boek werd een bestseller. En daar had niemand op gerekend.

Het is uitermate pijnlijk een levensverhaal op papier te zetten waarin geweld, moord, vernedering en mishandeling voorkomen. Het is al pijnlijk genoeg als je dat in een dagboek doet. Het wordt pijnlijker als je iemand je dagboek zou laten lezen en het wordt bijna ondraaglijk als je een boek over dat leven schrijft, want iedereen maakt er deel van uit: slachtoffers, onverschilligen, vriend en vijand. Ik heb onderschat wat ik met mijn boek losmaakte.

Nadat ik had besloten mijn verleden naar het heden te halen, noteerde ik alles wat er in de donkere tijd na de dood van mijn moeder was gebeurd. Het voelde als een bevrijding. Tijdens het schrijven dook ik nogmaals diep in de overweldigende gebeurtenissen van toen.

Soms had ik het gevoel dat ik het allemaal niet trok, maar toch ging ik door. Elk woord dat ik opschreef bracht me terug naar mijn kinderjaren. De pijn die ik daarbij voelde was veel heviger dan de pijn van toen. Ik vroeg me af hoe het kleine meisje van vroeger die pijn had kunnen uithouden. Ik neem aan dat kinderen beschikken over een enorme overlevingsdrang, waardoor de vreselijkste nachtmerries minder erg lijken en de verwonde kinderziel telkens opnieuw kan regenereren. In elk geval realiseerde ik me als volwassene voor het eerst wat er destijds eigenlijk allemaal was gebeurd. Mijn hart deed pijn bij het zoeken naar de juiste woorden en bij elk woord reten oude wonden open. Toch hielp het ook: er viel een zware last van me af.

Ik vloog naar Marokko om te leren begrijpen. Ik wilde mijn vader begrijpen, waarom hij mijn moeder had vermoord. Ik wilde mijn zusjes begrijpen en mijn broer. Ik zocht mijn vader op in de gevangenis en ontmoette een oude, gebroken man die me niets kon uitleggen. Hij liet me met de wonden van vroeger alleen. Hij liet me met mijn littekens van nu alleen. Hij deed niets voor me – hij deed opnieuw niets voor me. Ik herinner me nog goed hoe hij bij onze laatste ontmoeting op een wiebelende plastic stoel tegenover ons zat, tegenover Asia en mij. Hij had een joggingpak aan dat ik hem een aantal jaar eerder cadeau had gedaan.

Hij zei: 'Ik kom vrij op 25 september 2003.' En hij keek ons aan.

Mijn zusje en ik keken elkaar aan. Niemand zei iets. Vader keek naar de grond. Hij begreep dat er niemand op hem zat te wachten.

'Dat is op Asia's verjaardag,' zei vader zacht.

Ik zei niets, maar ik dacht: wat een cadeau!

Vader stond op en slofte terug naar zijn cel. Ik zou hem nooit meer zien. Hij stierf, voordat hij zijn straf had uitgezeten.

Ik kon geen medelijden met vader hebben. Hij was de oorzaak van zoveel ellende geweest. Maar ik kon hem ook niet haten, want hij was en bleef mijn vader. Pas door het schrijven aan mijn boek kon ik langzaam afstand nemen van mijn vader en de schaduw die hij op ons leven had geworpen. Het duurde lang voordat hij niet meer elke nacht in mijn dromen verscheen. Ook nu nog laat hij me niet met rust. Als ik in de spiegel kijk, zie ik in mijn ogen de ziel van mijn vader. En als ik slaap, komt hij langs in mijn dromen.

Ik had dus volledig onderschat hoeveel mensen zich voor mijn leven zouden interesseren. De uitgever nodigde journalisten uit om samen met mij in Marokko de plekken te bezoeken waar mijn leven zich had afgespeeld. Ik vond dat moeilijk, omdat ik niet gewend was openlijk met wildvreemde mensen te praten.

Het maakt nogal een verschil of je binnenskamers je hart op papier uitstort, of er open en bloot over moet vertellen en je in de ogen van de luisteraars de onthutsing, het medelijden, maar soms ook de scepsis weerspiegeld ziet.

Ik vond het niet prettig mijn familie in Agadir en in het zuiden van Marokko met deze nieuwsgierige mensen op te zadelen. Ik merkte ook dat mijn Duits niet goed genoeg was om mijn gevoelens uit te drukken. Vooral in Marokko had ik het idee dat het Duits wegsijpelde en plaatsmaakte voor het Marokkaans en het Tashelhiyt, het Berberse dialect dat wij vroeger met mijn moeder spraken.

De kranten besteedden veel aandacht aan *Dochter van Agadir* en toen ik naar Duitsland terugkwam, werd ik voor een interview op televisie uitgenodigd. Ook dat was nieuw voor me. Ik was nog nooit op televisie geweest en ik wist niet hoe je je daar moest gedragen, laat staan dat ik wist hoe je je op televisie het beste verkoopt. Ik wilde dat Michael met me meeging, want hij had ervaring met tv, maar hij wilde niet.

'Het is jouw boek,' zei hij. 'Het komt allemaal goed. Heb vertrouwen in jezelf. Ik heb alle vertrouwen in je.'

En zo zat ik opeens in een televisiestudio vragen te beantwoorden waar ik niet op gerekend had. Ik vond dat ik het er niet bijster ad rem en professioneel van afbracht, maar dat was ook geen wonder: ik was niet ad rem en professioneel.

De toeschouwers hadden hier kennelijk geen moeite mee. Ze gingen massaal naar de boekhandel om mijn boek te kopen. Dat had tot gevolg dat er nog meer journalisten met me wilden praten en ik moest leren hoe ik daarmee omging.

Ik besloot mijn kans te grijpen en de media-aandacht te gebruiken voor een goed doel. Marokko was veranderd sinds de dood van mijn moeder, maar er werden nog steeds vrouwen mishandeld en misbruikt, vrouwen die zich nauwelijks kunnen beschermen. Ik wist dat er in Agadir een organisatie bestond die Oum el Banine heette en die probeert vrouwen en kinderen in nood te helpen. Midden in een industriegebied, naast een stinkende visfabriek, bezit Oum el Banine een blijf-van-mijn-lijf-huis waar meisjes die als slavinnen zijn verkracht en zwanger het huis van hun baas uit zijn gejaagd hun toevlucht kunnen zoeken. Deze meisjes heten *petites bonnes*. Ze komen van het platteland en worden vaak als beginnend puber naar de stad, naar rijke families gestuurd om het gezin waar ze uit komen financieel te ondersteunen. Sommigen hebben geluk en komen terecht in een goede familie die ze naar school laat gaan. Maar veel meisjes hebben pech. Ze worden door hun eigenaars afgebeuld en misbruikt. Als ze ten gevolge daarvan zwanger worden, zijn ze verloren. In het huis van de verkrachter worden ze niet meer geduld. Naar hun familie kunnen ze niet meer terug vanwege de schande van het verlies van hun maagdelijkheid en de buitenechtelijke zwangerschap. Op het platteland betekenen die twee factoren het verlies van de familie-eer. Seks voor het huwelijk is verboden in de Koran, onder wat voor omstandigheden die ook heeft plaatsgevonden. Dus belanden deze meisjes op straat. Ze worden dagloonster of prostituee. Het buitenechtelijke kind groeit illegaal op, want tot voor kort bestonden er officieel voor de wet geen buitenechtelijke kinderen in Marokko. Zo'n kind kreeg geen papieren, kon niet naar school en had geen rechten. Ze bestonden gewoonweg niet.

Oum el Banine helpt deze kinderen en hun moeders. En ik besloot mijn populariteit in te zetten voor deze organisatie. Ik richtte samen met wat vrienden een vereniging op die de naam kreeg van de Duitse titel van mijn eerste boek: *Tränenmond*. De vereniging werd door de Duitse belastingdienst als liefdadigheidsinstelling erkend. Mijn vereniging zou Oum el Banine financieel ondersteunen. Tijdens mijn optredens vertelde ik over Oum el Banine en ik zamelde geld in. Hierdoor voelde ik me iets beter. Het ging nu niet meer alleen om mij, maar om iets groters. Het voelde goed dat ik iets kon betekenen, iets kon veranderen. Ik was klaar voor de volgende stap in mijn leven.

De ligging van Agadir is uniek. In het westen rollen de golven van de Atlantische Oceaan het brede, goudgele strand op en in het noorden torenen de rotswanden van het Atlasgebergte hoog boven de zee uit. Een van de mooiste kustwegen van Marokko slingert richting Essaouira, hoog boven de kust uit, door het beginnende berglandschap. In het oosten kun je de Hoge Atlas zien, met de besneeuwde top van de Toubkal. Ik vind het heerlijk om vanuit Agadir naar de watervallen van Immouzèr te rijden en op koele hoogte te gaan zwemmen in het frisse bergwater. Immouzèr, een plaats in de Anti-Atlas, is in heel Marokko beroemd om zijn watervallen. Zuidelijk van Agadir, ten slotte, voorbij het Sousdal, wordt het land vlak en droog en voel je de hete wind van de woestijn.

Agadir is geen bijzonder mooie stad. Je hebt weliswaar de ruïnes van de reusachtige kashba, hoog boven de stad, maar sinds Agadir in 1960 door een aardbeving bijna volledig werd verwoest, mist de stad een gezicht. Langs de stranden staan de luxehotels opeengepakt naast elkaar. Achter de duinen ligt het koninklijk paleis en de steeds groter wordende goedkope buurten dringen steeds verder door in de arganbossen.

Oum el Banine bevindt zich in een van de lelijkste buurten van de stad: een industriegebied. Daar heeft de organisatie een gebouw gehuurd dat zijn beste tijd heeft gehad. Beneden is een werkplaats voor doofstommen waar in een spookachtige stilte aan jongeren wordt geleerd hoe ze fietsen moeten repareren. Het beton van het zwembad op de binnenplaats is gescheurd. Ik heb er nog nooit water in gezien.

Als je vanaf de benedenverdieping via een verroeste ijzeren trap naar boven loopt – en je mag elke keer blij zijn dat je heelhuids boven aankomt – kom je bij de kantoren en de crèche van Oum el Banine. Daar brengen de jonge vrouwen hun kinderen heen als ze moeten werken, of als ze naar hun lessen lezen en schrijven moeten, of een andere cursus.

In andere stadsdelen van Agadir heeft Oum el Banine nog twee woningen voor vrouwen die hulp nodig hebben. Een van die appartementen heeft mijn vereniging Tränenmond met ondersteuning van de stichting Sternstunden van de Beierse televisie gekocht. In augustus 2004 had mijn stichting voor het eerst zoveel geld ingezameld, dat ik naar Marokko kon vliegen om Oum el Banine en twee andere projecten, een kinderopvang in Agadir en een kleuterschool in het leemhuttendorp Igraar, te ondersteunen.

Madame Mahjouba Edbouche, de directrice van Oum el Banine, drukte me zoals gewoonlijk met tranen in haar ogen tegen haar enorme boezem. Ze kent me al sinds ik een kleine, half verhongerde luizenbol was. Toen werkte ze nog voor Terre des Hommes, de organisatie waarvan wij een of twee keer per jaar kleren uit Europa kregen. Nu vecht Madame Edbouche voor moeders in nood en voor de rechten van de vrouw in het algemeen.

Achter haar bureau hangt een foto van onze jonge koning Mohammed VI, samen met Madame Edbouche. Naast haar ziet de koning er bijna iel uit. Maar hij heeft een cheque voor Oum el Banine in de hand. Madame Edbouche kan het niet nalaten bij elke gelegenheid te benadrukken dat ze door de koning wordt ondersteund. 'Zijne majesteit de koning, moge Allah hem bijstaan bij zijn taken, staat aan onze kant,' zucht ze dan.

Marokko is een monarchie. De familie van de koning, van het Arabisch Schiereiland afkomstige Alavieten, regeert het land al bijna vierhonderd jaar. Mohammed VI is de achttiende troon-

opvolger in een dynastie die teruggaat tot de profeet Mohammed, Allahs zegen en vrede zij met hem. Vanwege deze eeuwen-
oude bloedlijn, is elke Alaviet een sherif, zo ook onze koning.
Een sherif is iemand die een directe nakomeling is van Mohammed. Mijn oma was ook een sherifa, maar ze stamde van een veel
minder belangrijke tak dan onze koning. Eigenlijk heb ik dus
ook het recht me sherifa te noemen.

De koning is behalve alleenheerser ook opperste bevelhebber
van de strijdkrachten en religieus leider van alle gelovige moslims. We noemen hem *Amir al-Moe'minin*, Prins der Gelovigen.
Als de naam van de koning valt, voegt iedereen er automatisch
aan toe: 'Moge Allah hem bijstaan bij zijn taken.'

Madame Edbouche nam me mee naar de crèche.

'Kom, Ouarda, ik zal je uitleggen wat we hier precies doen.
Hier zijn de zuigelingen en de peuters. Kijk, dit kind bijvoorbeeld,' en ze wees naar een meisje in een blauw kruippakje dat
stil in haar stoeltje naar het plafond lag te staren. 'Dit is Salwa en
ze is tweeënhalf.'

'Tweeënhalf,' echode ik. 'Ze lijkt veel jonger.'

'Salwa is gehandicapt,' zei Madame Edbouche. 'Haar moeder
heeft geprobeerd haar te doden voor haar geboorte. Ze slikte gif
dat ze van een engelmaakster had gekregen. Maar Salwa over-
leefde het. En nu is ze hier bij ons.'

Ik pakte Salwa uit haar wipstoel en nam haar op mijn arm. Ze
voelde zwaar en slap aan.

'O, wat fijn dat jij haar even van ons overneemt,' zeiden de
verzorgsters. 'Salwa doet altijd zo lang over haar eten.'

Er stond aardappelpuree met ei op het menu die dag. Salwa
had problemen met het doorslikken van de puree, omdat ze
haar mond niet goed kan sluiten. Alle andere kinderen waren al
klaar met eten. Ik besloot Salwa te voeren.

Zoals ik al schreef, bevindt de crèche zich op de bovenverdieping van het gebouw. Aan het plafond flikkeren ongezellige
neonbuizen. Het ruikt er muf. Elke keer dat ik dit deel van het

huis bezoek, word ik verdrietig van het gehuil en het geschreeuw van de kinderen.

Salwa kon nog niet eens huilen. Het enige geluid dat uit haar keel kwam was een zacht, rochelend geluid. Mijn hart brak. Dit meisje had bijna moeten sterven omdat een of andere rijke pappie Salwa's moeder als slavin naar de stad had gehaald, haar had misbruikt, zwanger gemaakt en daarna op straat had gezet. De jonge vrouw had geen andere uitweg gezien dan haar ongeboren kind te doden. En daarvoor kon ze niet naar een dokter, want abortus is in Marokko verboden. De profeet zelf heeft een ietwat cryptische uitlating over dit onderwerp nagelaten:

'Waarlijk, elk van jullie wordt gedurende veertig dagen bijeengebracht in de buik van zijn moeder. Daarna is hij daar een *alaq* (iets wat vast zit), ook veertig dagen; daarna is hij daar een *mudgha* (embryo), ook veertig dagen. Dan wordt de engel gezonden om hem de *roeh* (geest) in te blazen…'

Sommige geloofsrichtingen binnen de islam concluderen hieruit dat pas na drie keer veertig dagen, dus na honderdtwintig dagen, het nieuwe leven begint. Anderen beweren dat dit al na veertig dagen het geval is. In mijn vaderland geldt echter het soennitisch-malekitische recht en dat bepaalt dat het beginnende leven niet vóór en niet na het inblazen van de roeh mag worden vernietigd, tenzij er ernstige medische redenen voor zijn.

Die redenen had Salwa's moeder niet. Er waren 'alleen maar' sociale redenen: verstoting door een buitenechtelijke zwangerschap. Tot de hervorming van het familierecht in 2003 was het zo dat na een verkrachting niet de (mannelijke) dader werd veroordeeld, maar het (vrouwelijke) slachtoffer vanwege vermeende prostitutie. Daarom ging Salwa's moeder naar een engelmaakster, een *darbo-sji-faal*, wat 'willenjulliejelotweten' betekent.

Ik was als kind al bang geweest voor de darbo-sji-faals, met hun bonte gewaden en hun reusachtige hoofddoeken, die door de straten zwierven en krijsten: 'Willen jullie je lot weten?' Als je ze nodig had, kwamen ze bij je binnen en lieten kaarten leggen. Daaruit 'lazen' ze dan wat er moest gebeuren.

'O, o, ik zie een probleem… Denk je dat je man je bedriegt?'

'Ik denk het niet.'

'Hm, maar ik zie hier iets anders,' zei de darbo-sji-faal na een blik op de kaarten. 'Ik weet het niet zeker, zuster, maar het ziet ernaar uit dat… Maar wacht, ik heb iets voor je.'

En dan verkocht de darbo-sji-faal je thee of een toverspreuk of het advies voor een rituele verbranding.

Sommige darbo-sji-faals maakten ook baby's weg. Daar hadden ze verschillende methodes voor. Er werden breinaalden in het onderlijf van de zwangere gestoken, giftige mengsels met nootmuskaat gegeven of bezweringsformules en gebeden gesproken.

Tegenwoordig zie je nauwelijks nog darbo-sji-faals. Ook hun mannelijke collega's, de fakirs waar ik het al over had, zie je bijna niet meer, omdat de koning ze heeft verboden. Helaas gaan nog steeds veel Marokkanen stiekem naar deze heksen, tovenaars, kruidenverkopers, helderzienden en engelmaaksters als het probleem waar ze mee zitten buitenaards groot lijkt te zijn.

Salwa's moeder had zich tot een vrouw gewend die was gespecialiseerd in gifmengsels. In dit geval had het echter niet gewerkt. Het resultaat lag nu in mijn armen: een kind dat niet kon praten en nauwelijks kon eten. Slachtoffer van een engelmaakster en een sociale realiteit die slavernij, verkrachting en onderdrukking van vrouwen toelaat.

Eindelijk was ook Salwa klaar met eten. Een verzorgster nam haar mee, deed haar een schone luier om en legde haar terug in een wipstoeltje bij de andere kinderen die daar allemaal in hun stoeltjes langs de muur zaten. De verzorgsters vingen mijn blik op.

'Ik weet het, zuster, ik weet het,' zeiden ze. 'Het is allemaal niet perfect wat wij hier doen. Maar we zijn maar met zo weinig mensen en we hebben echt geen tijd om met zo'n zwaar geval als

Salwa voldoende bezig te zijn. Eigenlijk moet ze naar een tehuis voor gehandicapten.'

'Waarom gaat ze daar dan niet heen?'

'Omdat we daar geen geld voor hebben,' zei een van de verzorgsters. 'Oum el Banine heeft vaak niet eens genoeg geld om onze salarissen uit te betalen.'

Oum el Banine is volledig afhankelijk van donaties. Helaas is mijn kleine organisatie Tränenmond niet in staat alle kosten in Agadir over te nemen. Onze bijdrage is jammer genoeg maar een druppel op een gloeiende plaat.

Vlak voor de bevalling worden de petites bonnes in het blijf-van-mijn-lijfhuis opgenomen. Ze mogen tot een paar weken na de geboorte blijven. Daarna moeten ze weer weg, want er staan veel meisjes en vrouwen op de wachtlijst. Als ik zie hoe wanhopig de vrouwen zijn als ze weg moeten, ben ik diepbedroefd dat we niet meer geld hebben voor een grotere opvang. Er is in Marokko veel behoefte aan beschermde opvang.

De laatste keer dat ik het blijf-van-mijn-lijfhuis in Agadir bezocht, ontmoette ik twee meisjes met een bijzonder lot. Hasjima was een schuchtere jonge boerenvrouw met een beschadigd oog.

'Mijn verhaal?' zei ze. 'Dat interesseert toch geen mens. Dat kan iedereen gebeuren.'

Hasjima sprak alleen Tashelhiyt. Ze sprak heel zacht en ik moest me enorm concentreren om te kunnen verstaan wat ze me vertelde.

'Ik werkte als *petite bonne* in de stad en wilde met mijn familie het offerfeest vieren. Ik nam een groepstaxi om naar mijn dorp te komen. Mijn dorp was de eindbestemming en alle andere passagiers waren al uitgestapt. Toen ik alleen was met de taxichauffeur reed hij met me naar een boom. Daar werd ik verkracht tot ik mijn bewustzijn verloor. Hij liet me er liggen.'

'Ben je naar de politie gegaan, zuster?' vroeg ik.

Het meisje keek me verbijsterd aan. 'Natuurlijk niet. Die doen toch niets tegen die man. Ze arresteren mij hoogstens wegens prostitutie. Ik heb niemand over de schande verteld, behalve mijn moeder.'

De moeder loste het 'probleem' op zoals moeders in Marokko dat doen. Ze hield haar kaken op elkaar en verzweeg de zwangerschap voor haar man en de broers van Hasjima. Niet dat ze bang was dat die wraak zouden willen nemen op de verkrachter, nee, ze was bang dat de mannen uit het gezin haar dochter iets aan zouden doen vanwege de verloren familie-eer. Vlak voor de bevalling bracht ze Hasjima, haar dikke buik verborgen onder een wijde djellaba, naar een alleenstaande tante die ver weg woonde. Pas toen de baby er was, kwam Hasjima bij Oum el Banine terecht.

Hasjima zal weer gaan werken bij de familie in de stad, die kennelijk iets moderner denkt dan de mensen in de bergen waartoe Hasjima behoort. De baby wordt overdag in de crèche verzorgd.

Het andere meisje heette Karima. Ook zij kwam uit een bergdorp ten oosten van Agadir. In tegenstelling tot Hasjima was ze een spetterende schoonheid met wild haar, vurige ogen en mooie rondingen. Karima wilde niet zeggen hoe oud ze was, maar ik schatte haar op hooguit zestien. Ze was net bevallen en ze was overduidelijk nog niet erg handig in de omgang met haar baby. Ze hield haar kindje zo onbeholpen vast dat het maar bleef huilen. Dus nam ik het in mijn armen en wiegde het tot het in slaap viel.

Karima was van een ander kaliber dan Hasjima. Ze was van huis weggelopen om avonturen te beleven en zelfstandig te zijn.

'Een vriendin van mij was ooit een keer bij haar tante in Agadir en ze was zo enthousiast over de stad dat ik er gewoon ook eens heen wilde. Mijn vriendin had het alleen nog maar over Agadir. Bij het geiten hoeden, in de hamam, thuis, op straat, zelfs tijdens de Koranles kon ze alleen nog maar aan Agadir denken. Agadir, Agadir, Agadir. Ik werd er gek van.'

Toen de vriendin weer naar haar tante zou, ging Karima met haar mee.

'Waarom?' vroeg ik. 'Had je problemen met je ouders?'

'Nee, ik heb heel aardige ouders. Maar op het platteland is het saai. Er gebeurt niet veel. Het enige wat we hadden was een televisie.'

'Ja natuurlijk. En toen zag je al die series en videoclips en toen wilde je net zo zijn als de meisjes op tv.'

'Mmh,' knikte Karima.

Ik kon me helemaal voorstellen hoe de felgekleurde beelden op de buis dit vurige meisje hadden gehypnotiseerd. Op de Marokkaanse televisie worden Libanese videoclips getoond, met geblondeerde zangeressen die proberen er westerser uit te zien dan westerse vrouwen. Ook Shakira en Britney Spears schitteren op de beeldbuis. En dan zijn er nog de mierzoete films uit Egypte en de telenovelas uit Brazilië, waarin het er zo melodramatisch aan toe gaat, dat een Europeaan erbij in de lach schiet. Veel jonge Marokkanen echter, beschouwen het leven in die series als paradijselijk.

In Agadir ging de vriendin op weg naar haar tante. Opeens durfde ze Karima niet meer mee te nemen. Ze liet haar achter bij een taxistandplaats. Daar stond Karima niet lang.

'Na tien minuten al vroeg een knappe man of ik hulp nodig had,' zei Karima. 'En dat had ik, natuurlijk. Ik was blij, want die man bood me aan bij hem te komen logeren.'

Ik kon op mijn vingers natellen hoe dit verhaal verderging.

'Na vier weken was ik zwanger. De man gaf me honderd dirham en zei dat ik op moest hoepelen.'

Zo stond ze opnieuw bij de taxistandplaats. Maar dit keer werd ze niet gezien door een knappe man. Ze werd ontdekt door een vrouw die Karima liet tippelen. Karima werkte als prostituee totdat ze acht maanden zwanger was. Toen werd het zelfs de pooiers te link. Ze brachten het meisje met haar enorme buik naar Oum el Banine.

'Het was de hoogste tijd,' zei Karima. 'Ik had echt geen zin meer om steeds met andere mannen naar bed te gaan. Ik kende ze helemaal niet. En het is ook best vermoeiend als je zwanger bent.'

Inmiddels was Mahjouba Edbouche aangekomen in het blijf-van-mijn-lijfhuis.

'Karima is een goed voorbeeld,' zei ze. 'De meisjes weten hele-maal niets over seks, liefde en voorbehoedsmiddelen. Niemand vertelt ze er iets over. Het is nog steeds een taboe. Ik ben zo aan het vechten om voor elkaar te krijgen dat hierover op scholen en in de dorpen eindelijk iets wordt gezegd. Maar het gebeurt nog te zelden.'

Mahjouba snoof, omdat ze zich weer opwond over de achter-lijkheid van onze Marokkaanse maatschappij op dit gebied. 'Ze willen hun handen niet vuilmaken aan voorlichting over sek-sualiteit. Maar ik krijg de ellende hier over de vloer en ik mag proberen te redden wat er te redden valt.'

Mahjouba neigt tot bloemrijke beeldspraak, doorspekt met krachtige taal en een ongegeneerd volume. Ik heb al vaak gepro-beerd haar te temperen, maar dat heeft helemaal geen zin. Ken-nelijk heeft Mahjouba zoveel energie dat het er gewoon met veel kracht uit moet. Het maakt haar een onweerstaanbare vrouw. Alle mensen die met haar te maken krijgen, hebben respect voor haar. Sommige mensen bibberen van angst. Dat zijn meestal va-ders die hun kinderen niet willen erkennen en verkrachters die denken dat hun niets kan gebeuren. Aan Mahjouba ontkomen ze niet. Ze heeft geen scrupules als het erom gaat een boosdoe-ner op te sporen en hem op hoge toon te confronteren met zijn misdaad. Het maakt haar niet uit wie er op dat moment in de buurt is. Ze schrikt er ook niet voor terug een aanklacht in te dienen en de instanties net zolang te bestoken tot de schuldige wordt veroordeeld. Bij de mannen uit de Sous is madame Ed-bouche niet erg populair. Maar zolang de koning haar onder-steunt, durft niemand iets tegen haar te ondernemen.

Karima beviel van haar baby bij Oum el Banine. Binnenkort moest ze het blijf-van-mijn-lijfhuis echter verlaten. Mahjouba was al op zoek naar een kamer voor haar. Als die was gevonden, zou Karima haar schamele bezittingen en haar kind nemen en erheen verhuizen. Tot die tijd zou ze samen met Oum el Banine een baan zoeken, om in staat te zijn op eigen benen te staan.

Het blijf-van-mijn-lijfhuis in Agadir zit vol met vrouwen met droevige verhalen. Soms, als ik door de smalle deur naar binnen kom, stokt de adem in mijn keel door de walm van ellende die me tegemoetkomt. Een meisje dat door haar zwager is verkracht tijdens een bezoek aan haar zus, waarna het van hoererij wordt beschuldigd. De familie beticht haar ervan hen met het kind te willen opzadelen en verstoot het jonge meisje. Een vrouw die maagd wilde blijven tot aan het huwelijk en die door haar vriend wordt verdoofd en verkracht en die van andere vrouwen in de hamam te horen krijgt dat ze zwanger is. En dan zijn er natuurlijk de petites bonnes, de treurige klassieker. Het hoeft bij hen niet altijd de eigenaar te zijn die ze zwanger maakt. Het kan ook de oudste zoon, een oom, een buurman of een taxichauffeur zijn. Er is altijd wel een man in de buurt die bereid is zijn macht ten opzichte van argeloze tieners te misbruiken.

Het droevigste geval was een meisje dat eigenlijk helemaal niet in het blijf-van-mijn-lijfhuis thuishoorde. Ze heette Faisa, was zes jaar oud, had vrolijke krullen en haar huid zag eruit als de mijne: iemand had er sigaretten op uitgedrukt en er met scherpe dingen littekens in gekrast. Ze zat midden tussen de moeders met hun baby's. En toen ik in haar ogen keek, zag ik mezelf.

Faisa's verhaal was anders dan het mijne. Ze was als klein meisje door haar moeder voor adoptie vrijgegeven en terechtgekomen bij een vrouw die nooit een kind had mogen krijgen. Ze werd door haar adoptiemoeder en diens vriend gemarteld. Toen ze zes was, lukte het haar om te vluchten. Men ontdekte haar op straat en bracht haar naar Oum el Banine. Sindsdien woont ze hier, maar eigenlijk zou ze professionele traumahulp nodig hebben. Helaas is er geen voorziening voor Faisa in Agadir.

Toen ik haar voor het eerst ontmoette, zei ik: 'Hallo liefie. Hoe heet je? Werkt je moeder hier?'

'Nee, ik woon hier, net als de andere vrouwen.'

'Maar je bent nog maar klein.'

'Nou en? Khalti Mahjouba heeft me hier mee naartoe genomen omdat mijn moeder en haar vriend zo gemeen tegen me deden. Ze dronken vreemde dingen en dan deden ze me pijn met sigaretten en messen. En als ik moest huilen, begonnen ze te lachen.'

Faisa zag aan de uitdrukking op mijn gezicht dat ik niet zeker wist of ik wel moest geloven wat ze me vertelde.

'Wil je het eens zien?' vroeg ze.

'Wat?'

'Het erge.' En ze trok haar hemdje omhoog en haar broek naar beneden en liet me haar billen zien en haar rug, bezaaid met brand- en snijwonden.

Ik slikte. Voor me zat een klein, onschuldig wezentje en dat liet me volkomen vanzelfsprekend de sporen van marteling zien. Ik huiverde. Wat was haar aangedaan? Wat had dit hulpeloze mensje al moeten doorstaan? Duizend vragen lagen op mijn tong, maar ik durfde ze niet te stellen. Ik hoefde ze niet te stellen. Ik wist wat Faisa had doorgemaakt. Ik had hetzelfde doorgemaakt. Ik was ook mishandeld. Haar leed was mijn leed en andersom. We deelden hetzelfde lot.

Gelaten bedekte Faisa haar littekens weer. Ze klom bij me op schoot en ik hield haar lang stevig in mijn armen, omdat ik niet wilde dat ze het medelijden in mijn ogen zag. Ik wilde dat ik al haar verdriet over kon nemen, maar we wisten allebei dat dit niet kon. De pijn die ons is aangedaan moeten we verdragen. En we moeten leren leven met de herinnering tot de dood ons verlost. Dat werd me op dat moment heel erg duidelijk. Ik voelde een steek in mijn hart.

Bij het volgende bezoek nam ik een schooltas mee voor Faisa, de mooiste die ik in München had kunnen vinden: rozerood en heel meisjesachtig. Faisa's ogen straalden toen ze hem kreeg. Inmiddels gaat ze sinds twee jaar naar een privéschool. Alle kosten worden door de school gedragen. Madame Edbouche kan heel overtuigend zijn. Faisa is een goede leerling. Het is alsof ze weet dat dit haar enige kans is: leren.

Onderwijs is de weg naar een betere toekomst en naar vrijheid. Wie een kind onderwijs biedt, geeft dit kind een leven. Dat wist ik al toen ik net zo oud was als Faisa en ik elke dag naar school ging. Ook al werden we door de onderwijzer met een tuinslang geslagen of moesten we onze mond opendoen en spuugde hij erin. Ik moest en zou leren. Ik wilde weten. Ik wilde vrij zijn. En ik weet nu dat het waar is: dat ik de kans kreeg om naar school te gaan heeft me gered.

YAMNA

In 2007 leerde ik bij Oum el Banine Yamna kennen, een jonge vrouw uit een afgelegen dorp in het zuiden van de Anti-Atlas waar ik nog nooit van gehoord had. Yamna was analfabeet en wist niet hoe oud ze was. Mahjouba Edbouche schatte haar op twintig. Ik had het idee dat ze jonger was.

Yamna was een tenger meisje met het gezicht van een oude vrouw. Het was het typische gezicht van de mensen die in de bergen en woestijnen van mijn land als herders de hele dag in de blakende zon doorbrengen.

Toen ik Yamna voor het eerst zag, droeg ze geen djellaba, maar een beige ensemble, bestaande uit een lange rok, een wijde bloes en een bijpassende hoofddoek. 'Ensembles' gaan op het platteland van Marokko door voor heel modern, vooral als ze, in plaats van katoen, van synthetisch weefsel zijn. In de hitte van mijn land leidt dat vaak tot een onaangename lichaamsgeur. Maar bij Yamna was dat niet het geval.

Op haar arm had Yamna haar achttien maanden oude dochter, die de hele tijd aan haar bloes zat te peuteren omdat ze aan de borst wilde.

'Salaam aleikum, zuster,' zei ik.

'*Aleikum salaam*,' antwoordde Yamna en ze stapte met haar baby in Mahjouba's rammelende busje om voor het eerst sinds achttien maanden op weg te gaan naar haar dorp, honderdtachtig kilometer verderop. Ik zou haar op deze vermoeiende reis begeleiden, hoewel ik zelf vijf maanden zwanger was van mijn tweede kindje. Het was een zware missie, want Yamna had haar geboortedorp oneervol moeten verlaten en het was niet zeker of haar familie haar weer zou opnemen. Wat er met Yamna is gebeurd, gebeurt dagelijks in Marokko. Ik zal haar verhaal hier in haar eigen woorden vertellen.

'Ik heet Yamna. Ik kom uit een dorp aan de voet van de bergen. Ik weet niet wanneer ik ben geboren. Mijn ouders zijn Berbers. Ze zijn boeren. We hadden thuis kippen, geiten en een ezel. We waren arm, maar we leden geen honger. Ik was elke dag met de geiten in de bergen en ik ben nooit naar school geweest. Mijn moeder stierf toen ik nog klein was. Mijn vader hertrouwde. Gelukkig was mijn stiefmoeder heel aardig voor me.

Op een dag, toen ik alleen op de bergweide was, kwam er een man naar me toe. Hij zei dat ik mooi was. Dat vond ik leuk. De man wachtte op me als ik met de geiten de bergen in ging. Hij maakte complimentjes. Na een poos maakte hij geen complimentjes meer. Hij duwde me tegen de grond, gromde als een wild dier, woelde onder mijn kleren en ontnam me mijn onschuld. Ik huilde omdat ik wist dat ik gezondigd had voor Allah, de Barmhartige. Maar de man zei dat ik me geen zorgen moest maken. Hij zou met me trouwen als ik niets zei over wat er gebeurd was. Ik vertrouwde de man en zei niets. Hij kwam daarna steeds vaker naar de bergen om bij mij aan zijn trekken te komen. Ik liet hem begaan, want ik dacht aan de bruiloft. Alleen zei hij daar niets meer over.

Op een dag merkte ik dat mijn lichaam veranderde. Mijn borsten werden groter en mijn buik ook. Ik wist van de geiten wat dat betekent: ik zou een kind krijgen. Toen ik het tegen de man zei, was hij niet blij. Hij werd heel boos en ging weg. Ik heb hem nooit weer teruggezien.

Ik probeerde de zwangerschap geheim te houden, omdat ik van mijn vader houd en ik hem de schande van een buitenechtelijk kleinkind wilde besparen. Ik hoopte dat mijn buik weg zou gaan. Maar hij ging niet weg. Hij werd steeds groter. Ik was zo bang dat ik mezelf in mijn buik stompte om de baby te doden.

Maar de baby ging niet dood. Hij werd steeds groter. Mijn stiefmoeder merkte het. Ze stond aan mijn kant en zweeg tegen mijn vader en mijn broer.

Vlak voor de geboorte van het kind ontdekten ze wat voor vreselijke zonde ik had begaan. Ze sloten me op in de stal, als een dier. Hier kwam mijn dochter ter wereld. Ik was alleen tijdens de bevalling. Mijn stiefmoeder mocht mij van mijn vader en broer niet helpen. Misschien hoopten ze dat de baby dood zou gaan bij de geboorte en het dorp niets zou merken. Misschien hoopten ze ook wel dat ik dood zou gaan. Ik sneed de navelstreng door met een mes dat ik in het kaarslicht had opgewarmd. Ik maakte de baby schoon met stro en legde haar aan de borst. Het is een mooi kind geworden. Ik ben blij dat ik het ter wereld heb gebracht.'

Yamna huilde terwijl ze me haar verhaal deed. We passeerden Tiznit, de stad waar ik in de buurt was geboren, en reden richting de bergstad Tafraoute. Madame Edbouche had haar volumineuze lijf klemgezet tussen het stuur en de stoel van haar busje en reed zo hard als ze kon. Ze minderde haar snelheid niet, ook niet bij de controleposten van de politie. De dienstdoende agenten hielden haar niet aan. Ze salueerden als ze zagen wie er langsraasde.

'Ouwe maatjes van me,' grijnsde madame Edbouche. 'Ik ben hier vaak en ze weten dat ik probeer gevallen meisjes weer met hun families te verzoenen. Ze vinden het machtig interessant. Jullie zullen zien: als we terugkomen, houden ze me bij elke post aan om te horen hoe het is afgelopen.'

Yamna hield haar dochter stevig vast. Bij Tighmi reden we de hoofdweg af. We kwamen op een landweggetje terecht dat als een serpentine door de bergen slingerde, steeds verder richting zuiden. Het landschap veranderde en werd kaler. Er was geen mens te zien. Er zweefden grote zwarte vogels boven onze hoofden. Adelaars. Of waren het gieren? Yamna vertelde verder.

'Vlak na de geboorte, nog voor de zon was opgegaan, nam mijn broer mij en het kind mee. Hij zette ons op een ezel en bracht ons naar Jemâa-n-Tirhirte, een dorpje in de buurt. Daar wachtte een auto op ons.

We reden naar Agadir. Mijn broer had van een man in Jemâa-n-Tirhirte gehoord van Oum el Banine en dat daar meisjes werden geholpen die in schande leven, zoals ik en mijn buitenechtelijke dochter.'

De broer stormde met zijn zusje en de baby op sleeptouw het kantoor van madame Edbouche binnen. Hij griste de baby uit Yamna's arm en legde haar op het bureau.

'Dat is voor u,' zei hij in het Tashelhiyt. 'Bedankt en *ay-aouinrabij* – moge God u bijstaan.' Daarna greep hij zijn zus bij haar arm en probeerde haar het kantoor uit te werken.

'Ogenblikje nog,' zei madame Edbouche. Haar stem klonk vriendelijk. 'Begrijp ik het goed, sidi? Je wilt de baby hier laten en de moeder meenemen?'

De broer knikte voorzichtig. Hij begon te vrezen dat alles niet zo makkelijk was als hij had gedacht. Zijn vrees werd bewaarheid toen madame Edbouche opstond. Als een machtig blok beton stond ze achter haar bureau. Haar stem nam orkaansterkte aan. 'Jongeman! Hoe kom je op het idee dat jij hier ook maar iets te zeggen hebt! Wie denk je wel dat je bent!'

'Ik ben de broer,' sputterde de jongen.

'De broer?' De ruiten trilden van madames hoongelach. 'Je noemt jezelf een broer? Je legt baby's op het bureau van andere mensen en beslist over het leven van je zus? Pah! Een broer die moeder en kind scheidt omdat het zo beter uitkomt!' Madame Edbouche ging steeds harder schreeuwen. Ondertussen wapperde ze met haar handen, alsof ze een vervelende vlieg weg wilde slaan. 'Verdwijn! Ik wil je hier niet meer zien. Ga maar naar huis. Die twee blijven hier!' bulderde ze en ze wees op Yamna en de baby.

De broer gaf zich nog niet gewonnen. Hij maakte de fout madame Edbouche te weerspreken. 'Mijn vader heeft gezegd dat ik Yamna weer mee moest nemen. Ze moet de geiten hoeden.'

'De geiten hoeden?' zei madame Edbouche met vlijmscherpe stem. De broer kromp ineen. 'De geiten!' Madame Edbouche haalde diep adem en maakte zich nog een beetje groter dan ze al was. 'Is ze soms jullie slavin?' brieste ze. 'De slavernij is al lang geleden afgeschaft! Je zus komt voorlopig de geiten niet meer hoeden. Maak dat je wegkomt, nietsnut! En als je vader zijn dochter nodig heeft om de geiten te hoeden, dan moet hij me dat zelf maar komen vertellen. Als hij tenminste de moed heeft om me dat in mijn gezicht te zeggen. *Bislama*! De groeten. Tot ziens!'

De broer van Yamna maakte dat hij wegkwam van die vreselijke vrouw, die zich zo anders gedroeg dan hij het van vrouwen gewend was. Ze was helemaal niet bang. Niet voor hem en ook niet voor zijn vader. Dat was gevaarlijk. Dat was ongehoord. Het was choquerend!

Toen de broer haar kantoor had verlaten, nam madame Edbouche de bevende Yamna in haar armen, streek over haar haar en fluisterde: 'Welkom bij Oum el Banine. Hier ben je veilig en je dochter ook.' Daarna gaf ze Yamna haar baby, zette de twee in haar bestelbusje en reed naar het blijf-van-mijn-lijfhuis aan de rand van de stad.

Oum el Banine heeft het blijf-van-mijn-lijfhuis in Agadir in het leven geroepen om alleenstaande moeders als Yamna een veilig onderdak te kunnen bieden. Het bestaat uit kleine kamers voor de vrouwen en hun kinderen. Er is een gezamenlijke keuken en een grote woonkamer. Boven is een kleine werkplaats ingericht, waarin de vrouwen leren naaien en allerlei andere alledaagse dingen. Madame Edbouche zorgt voor een baantje, meestal als hulp in de huishouding, zodat ze later op eigen benen kunnen staan. Terwijl de moeders werken, zijn de kinderen in de crèche. Na veertig dagen moeten de vrouwen de instelling normaliter verlaten om plaats te maken voor acute gevallen. Maar Oum el Banine blijft een beschermende hand boven het hoofd houden. Als de vrouwen een veilig bestaan hebben opgebouwd, probeert madame Edbouche het contact met de familie te herstellen. Zoals nu met Yamna.

De meeste jonge vrouwen in Oum el Banine kunnen niet lezen en schrijven. De meesten snappen niets van de wereld, van hun rechten, van het leven in de stad, van seksualiteit en van anticonceptie. In Oum el Banine krijgen ze een soort spoedcursus om op de been te kunnen blijven. Ze leren naaien, koken en hoe je met het openbaar vervoer reist. Er komt een psychologe langs en er is iemand die ze inlicht over voorbehoedsmiddelen. Helaas is er tot nu toe nog geen goed alfabetiseringsprogramma. Daar is niet genoeg geld voor. Maar de meeste jonge vrouwen kunnen na een paar weken bij Oum el Banine getallen lezen en hun naam schrijven.

Yamna verbleef langer in het blijf-van-mijn-lijfhuis. Ze sprak namelijk geen woord Marokkaans toen ze naar Agadir kwam. Ze kon alleen Tashelhiyt en dat ook nog in een bijna onverstaanbaar dialect dat voorkomt in de afgelegen dalen aan de rand van de Sahara. Zelfs na achttien maanden was ze haar scherpe accent nog niet kwijt en ik moest me ontzettend concentreren om haar te kunnen volgen.

Onze rit naar het zuiden was niet alleen voor Yamna een reis naar het verleden. Ook ik keerde terug naar mijn wortels. Het verschil met Yamna was dat zij nog in relatie stond met haar verleden. Ze was hier opgegroeid. Ik was in de stad groot geworden en op mijn negentiende naar Europa verhuisd. Nu kwam ik in Yamna's wereld terecht en ik voelde me er vreemder dan ik me ooit in Duitsland had gevoeld.

Madame Edbouche verliet het landweggetje en reed naar de marktplaats van Jemâa-n-Tirhirte, het dorp waar Yamna haar baby zou laten opnemen in het geboorteregister. Dat is een nieuwe vooruitgang in Marokko: dat buitenechtelijke kinderen papieren kunnen krijgen. Onze koning heeft deze wet er ondanks het protest van de conservatieven door gekregen. Vroeger bestonden deze kinderen niet voor de wet. Ze kwamen uiteindelijk op straat terecht, in de criminaliteit, kinderprostitutie, verslaafd aan drugs. Ze mochten niet naar school, niet stemmen en omdat ze geen papieren hadden konden ze ook niet legaal werken. Ze vegeteerden aan de rand van de maatschappij, als ze hun kinderjaren al overleefden.

Op de marktplaats van het dorp, de soek, boden boeren uit de regio hun waar aan. Het plein barstte van de mensen, dieren, stapels vruchten, zakken met meel, rijst en zout, aardewerk en prullaria. Er schalde snerpende berbermuziek over het plein, afkomstig van de verkopers van cassettebandjes en een marktomroeper prees zijn waar aan met een megafoon.

Het was een drukte vanjewelste in Jemâa-n-Tirhirte. Daar zat madame Edbouche niet mee. Luid toeterend, mensen aan de kant jagend en manoeuvrerend tussen kraampjes met meloenen, huishoudelijke apparatuur en cosmetica door, reed ze met haar busje tot vlak voor het stadhuis. Ik denk niet dat er ooit iemand in de geschiedenis van Jemâa-n-Tirhirte zo opvallend het centrum is binnen komen zetten. In elk geval stond er al snel een groep bruingebrande mannetjes in bruine en saharablauwe djellaba's om ons busje heen. Vrouwen zag je niet. Een aantal mannen droeg vanwege de feestelijke marktdag een knalgele doek om het hoofd. Anderen hadden ondanks de grote hitte hun capuchon op.

Madame Edbouche deed het portier van de bus open en stapte gewichtig uit. Vol ontzag deinsden de mannetjes achteruit. Ze maakten de weg vrij naar de deur van het stadhuis, waar madame Edbouche vervolgens door verdween. Onmiddellijk dromden de mannetjes weer om het busje heen. Ze keken wantrouwig naar binnen, nieuwsgierig of er misschien nog een man met een net zo imposant uiterlijk in het busje zat als dat van madame Edbouche.

Toen ze zagen dat er alleen maar vrouwen in het busje zaten, waren we niet meer interessant. Sommigen leunden gezellig tegen ons busje aan, kletsten in hun bijna onverstaanbare dialect en hielden elkaar bij de hand. Anderen lagen half over onze motorkap heen te kijken of er misschien iets interessants te zien was. Misschien madame Edbouche op haar weg terug naar ons busje?

Na een tijdje keek een van de mannen door het raampje naar binnen. 'Waar is man!' blafte hij in een soort Tashelhiyt. Hij wist niet zeker of we hem konden verstaan, dus beperkte hij zich tot de belangrijkste woorden in zijn vraag.

'Welke man?' vroeg ik.

'*De* man!' riep de man en hij wees met zijn wijsvinger naar de plaats van de chauffeur.

'Waar heb je *de* man dan voor nodig?'

'Auto moet weg!' riep de man.

'O, als dat het enige is,' zei ik en ik gleed achter het stuur, startte de motor en parkeerde het busje een stukje verderop. De man sloeg mijn manoeuvre met open mond gade, de ogen opengesperd. Dit kon niet goed gaan. Een vrouw achter het stuur! En ook nog zwanger! Pas toen ik de motor afzette, relaxte hij.

Even later keek er een andere man door het raampje naar binnen. Hij had een goed pak aan en zag eruit als een ambtenaar.

'Horen jullie bij Oum el Banine?' snauwde hij.

'Ja, waarom?'

'Dat is mijn zusje, dat daar zit. Jullie moeten meteen terug naar Agadir. Dit heeft allemaal geen zin. Er is niemand thuis bij ons.'

De man kon van opwinding bijna niet praten. Zijn hele lichaam sidderde. Yamna zat verlamd van schrik op de achterbank en kon geen woord uitbrengen. De knokkels van de hand waarmee ze haar baby tegen zich aan drukte waren ondanks haar huidskleur bijna wit. Tot nu toe was de sfeer op het marktplein zonderling geweest, nu werd het angstaanjagend. Opeens klonken de stemmen van de menigte agressief. En Yamna's broer stond op het punt de controle over zichzelf kwijt te raken. Dus besloot ik voorzichtig te zijn.

'Als dat zo is, komen we natuurlijk niet naar jullie dorp,' zei ik. 'Ik rij sowieso niet zo graag over die slechte straten in mijn toestand,' en ik wees naar mijn buik, die in de vijfde maand al aardig rond werd.

Yamna's broer zuchtte opgelucht. 'Dat is dan afgesproken!' riep hij. 'Jullie gaan meteen weer weg! Dat is heel goed. Dat is beter voor jullie.'

Dat was waarschijnlijk als dreigement bedoeld.

'We moeten alleen even op madame Edbouche wachten,' zei ik.

'Hmpf,' deed Yamna's broer. Alleen al bij het noemen van de naam stond het zweet hem op het voorhoofd. 'Madame Edbouche doet soms een beetje moeilijk. Dat zou een probleem kunnen zijn.'

'Dan is het 't beste als je direct met haar overlegt,' stelde ik voor. 'Ze is dáár, in het stadhuis.'

Dat had ik beter niet kunnen zeggen. Yamna's broer werd lijkbleek. Alsof de duivel hem op de hielen zat, verdween hij in de menigte.

Ik greep mijn mobieltje en belde madame Edbouche. Zoals de meeste mensen in Marokko antwoordde ze met een simpel: 'Hallo.'

'Mahjouba, ben jij het?'

'Wat is er aan de hand?'

'Je moet meteen komen. Yamna's broer was hier. Hij heeft ons bedreigd. Yamna is bang voor hem.'

Madame Edbouche begon te lachen. 'Ach, die. Daar hoeven jullie niet bang voor te zijn. Het is een opgeblazen kikker, meer niet. Als hij iets wil, komt-ie maar naar mij toe.' En ze brak het gesprek af.

Ik was een beetje gerustgesteld. Toch lette ik nu iets meer op de mensen die om onze auto heen stonden en ik was blij toen de menigte uiteenweek en madame Edbouche verscheen.

Op het stadhuis was alles goed gegaan. De ambtenaren waren zeer beleefd en coöperatief geweest. Een van hen had madame Edbouche zelfs laten zien waar hij de brochures over Oum el Banine had neergelegd. Alleen het voorbereiden en passeren van de geboorteakte had wat tijd gekost.

Yamna's kind was buitenechtelijk en dus een *harames*, een

kind van de zonde. In een islamitisch land als Marokko kan zo'n kind natuurlijk niet officieel gelegaliseerd worden. Maar de Marokkaanse instanties hebben een elegante wereldse oplossing voor dit overwegend religieuze probleem gevonden. (Tot nu toe is het altijd nog gelukt met een beetje goede wil een oplossing voor elk probleem te vinden.)

Moeders van buitenechtelijke kinderen kiezen een naam uit de officiële lijst met familienamen, de zogenaamde *k'chef*. Daar komt een voornaam bij die wordt samengesteld uit een van de 99 namen van Allah en het toevoegsel *abd*, wat dienaar betekent. (Abd el Aziz betekent bijvoorbeeld: dienaar van de Almachtige.) In de geboorteakte komt bij de vader nu de fictief gekozen naam te staan. Op die manier wordt in Marokko van een kind van de zonde, een kind met vader gemaakt en alles is in orde.

Het was al bijna middag toen we de soek en Jemâa-n-Tirhirte verlieten en over een heel slechte weg de bergen in reden, naar Yamna's dorp. Op een gegeven moment hield de weg gewoon op en manoeuvreerde madame Edbouche het busje dwars door het landschap langs rotsblokken. We kwamen tot stilstand bij een grote arganboom waar een donkerbruin lemen huisje naast stond. Daarachter bevonden zich nog drie, vier huisjes. Dit was Yamna's dorp, woonplaats van misschien vijf of zes families. Ik weet tot op heden niet of dit oord een eigen naam heeft.

De plek leek uitgestorven. Het was een beetje griezelig dat er niet eens een kind te zien was. Ten slotte waren we met veel opzien met een busje het dorp binnengereden en dan kun je er normaliter zeker van zijn dat je door een horde joelende jongens en meisjes wordt binnengehaald.

Madame Edbouche parkeerde haar busje onder de arganboom en we stapten uit. Yamna leek wel verlamd. Ze stond met haar kind op haar arm te kijken naar het trieste dorp waar ze achttien maanden eerder uit was weggejaagd.

Na een tijdje liep ze naar het huisje van haar ouders toe. Ze klopte op de deur, alsof ze een vreemde was. Maar er deed niemand open. Het huis was verlaten. Waarschijnlijk waren de mannen op de soek en de vrouwen op het veld.

Yamna kwam terug en ging bij ons zitten, in de schaduw van de arganboom. Opeens sprong er vanachter een muurtje een kind tevoorschijn. Het kwam voorzichtig naar ons toe gelopen. Toen het dichterbij kwam, zagen we dat het kind glimlachte. Maar het kon niet praten en het zag eruit als een dwerg. Yamna zei dat het haar nichtje was. Ze was niet helemaal in orde. Zwijgend ging het mensje bij ons zitten en het bleef maar grijnzen.

Nu verscheen er een vrouw, gekleed in bonte gewaden. Alsof ze aan een snoer werd getrokken, liep ze op Yamna af. Ze stootte daarbij weeklagende klanken uit, alsof we bij een rouwdienst waren. Ze versnelde haar pas en liet zich praktisch in Yamna's armen vallen. Ze kuste Yamna en riep: 'Je leeft nog. Allah zij geloofd, er is een wonder gebeurd!'

Nu kwamen er steeds meer vrouwen uit hun schuilplaats. Een oude vrouw jammerde: 'Geloofd zij de Barmhartige dat hij je heeft gered van de Arabieren!'

'Gered?' vroeg Yamna verbaasd. 'Van de Arabieren? Hoezo?'

'Iedereen weet toch dat de Arabieren menseneters zijn,' jammerde de oude vrouw. 'Het zijn geen Berbers, zoals wij.'

De andere vrouwen knikten instemmend. Daarna deed een van de vrouwen de deur van een van de lemen huisjes open. Het was het huis van Yamna's oom. We zaten in een donkere, mooie kamer met prachtige groene en rode wanden. Er stond een televisie en een ingewikkeld uitziende stereo-installatie. Kennelijk had het dorp stroom en was Yamna's oom rijk genoeg om zich elektrische apparatuur te kunnen veroorloven. Er werd lekkere zoete thee gezet en gedronken. We wachtten op Yamna's familie. Het duurde wel een uur voor de stiefmoeder uit de bergen afdaalde. Ze kwam het huis binnen, verstarde van schrik toen ze haar dochter zag en viel flauw.

Nu brak de pleuris uit. Vrouwen krijsten, kinderen huilden en Yamna stortte zich met baby en al boven op haar stiefmoeder. Men begon de boze geesten te verdrijven.

Veel mensen in Marokko denken dat flauwvallen komt door de *djinns*, machtige geesten die heel boos kunnen worden als ze niet goed worden behandeld. Het is bijvoorbeeld uit den boze kokend water in de gootsteen te gieten zonder de djinns hier met een kleine bezwerende formule voor te waarschuwen. Iedereen weet dat de djinns bij voorkeur huizen in het afvoersysteem.

De vrouwen haalden allerlei geurwatertjes om de djinns te sussen. Ze sproeiden rozenwater in het gezicht van de roerloze vrouw en toen dat niet hielp, grepen ze naar goedkope parfum. Ik hield het niet meer uit en vluchtte naar buiten, nadat ik Yamna's dochter van haar had overgenomen. Sinds ik zwanger was, kon ik sterke luchtjes nauwelijks verdragen.

Binnen ontspande de situatie. De djinns verlieten de stiefmoeder, ze kwam bij en was weer aanspreekbaar, en de hele familie trok nu naar Yamna's ouderlijk huis om een tajine van geitenvlees op houtskoolvuur te gaan maken.

Nog voordat het eten klaar was, kwam Yamna's vader binnen. Hij had op de soek gehoord van de terugkeer van zijn verloren dochter en was meteen op zijn ezel gesprongen. Hij had het arme dier in galop naar huis gejaagd. Nu stond hij in de deuropening en wist niet wat hij moest doen. Onzeker wreef hij zijn handen onder zijn gewaad. Hij durfde zijn dochter niet aan te kijken en zijn kleinkind ook niet.

'Vader!' krijste Yamna en ze viel voor hem neer. 'Vergeef me!' Ze trok aan zijn handen, kuste ze en bleef maar huilen.

De vader keek verlegen naar het plafond. Hij had zijn dochter uit angst voor de schande naar het verre Agadir gestuurd, de stad waar de Arabische kannibalen wonen, daar is elke Berber zeker van. Hij had zijn dochter niet alleen het dorp uit gejaagd, hij had haar regelrecht in de armen van de kannibalen gedreven. Dat ze hier nu ongedeerd voor hem lag, was een schok en een opluchting tegelijk.

Madame Edbouche gaf de man geen tijd om bij te komen van de schrik. 'Jouw dochter is een goed meisje,' zei ze. 'Je had haar nooit mogen verstoten. Het is jouw taak als vader haar te beschermen. Heb je haar beschermd? Ben je op zoek gegaan naar de man die haar zwanger heeft gemaakt? Nee. Je hebt hem niet ter verantwoording geroepen. Je hebt de weg van de minste weerstand gekozen en je hebt je dochter bestraft voor het kwaad dat zij niet had begaan, maar dat haar werd aangedaan.'

Schuldbewust keek de vader naar de grond. 'Je hebt gelijk, vrouw. Wat moet ik doen?'

'Zoek de man die je dochter zwanger heeft gemaakt. Sleep hem voor de rechter.'

'Ik zal hem zoeken,' beloofde de vader.

Je kon de opluchting op zijn gezicht zien toen madame Edbouche haar donderpreek moest onderbreken omdat het eten klaar was.

'Tast toe!' zei Yamna's stiefmoeder. 'Jullie zijn onze gast.'

'Eten de anderen niet mee?' vroeg ik.

'Natuurlijk niet. De mannen eten nooit met de vrouwen samen.'

De tajine smaakte naar niets. Kennelijk was het zout op. Toen we klaar waren schoven de vrouwen de mannen de restjes toe. Uitgehongerd begonnen ze de achtergebleven botjes uit te zuigen. Er was niet genoeg eten voor iedereen en toch had men ons als gast goed willen behandelen.

Laat in de middag was het tijd om terug naar Agadir te gaan. De ontmoeting tussen Yamna en haar familie was geen spetterend verzoeningsfeest geworden, maar de vader had zijn dochter in elk geval niet verworpen. Madame Edbouche vond het een groot succes.

'Het gaat er niet om dat Yamna terug moet naar haar dorp. Het gaat erom dat ze met haar familie kan praten en dat ze haar identiteit kan behouden. Zonder familie en zonder thuis is ze in onze maatschappij verloren. Als je verstoten bent, heb je hier geen kans.'

Voor we het huis verlieten, sprak de vader een gebed. In de woonkamer van de familie maakten we een kring. We hielden onze handen open voor ons uit en luisterden naar de rustige, liefdevolle stem van de oude man. 'Allah, Genadevolle, reinig onze zielen en vergeef ons onze zonden.'

'Amen,' zeiden wij.

'Allah, Almachtige, bescherm ons tegen het kwaad.'

'Amen.'

'Allah, Vernederaar, zorg ervoor dat deze man zich schuldig voelt voor wat hij onze dochter heeft aangedaan.'

'Amen.'

'Geef ons de kracht om van onze kinderen te houden zoals ze zijn, Alwetende God.'

'Amen.'

'En alsjeblieft, Allah, Roemrijke, pas op onze dochter in de vreemde, grote stad.'

'Amen.'

De vader bad een halfuur lang en openbaarde alle angsten, verlangens en wensen die hij de afgelopen achttien maanden in zijn hart verborgen had gehouden.

Aan het eind van het gebed keek hij zijn dochter in de ogen. 'Yamna, mijn dochter,' zei hij. 'Ik vergeef je en wens je alle goeds in je nieuwe leven.'

Hij omhelsde haar niet, maar liet toe dat Yamna zijn voorhoofd kuste, een teken van eerbied van een jongere aan een oudere.

We klommen in het busje.

'Moeten we deze mensen niet iets geven voor het eten?' fluisterde ik madame Edbouche in het oor.

'Nee,' zei ze. 'Het zijn Berbers. Je zou ze beledigen.' En ze zweeg even. Daarna voegde ze eraan toe: 'En bovendien heeft Yamna haar vader een hoop geld toegestopt dat ze van haar karige salaris als huishoudster in Agadir had gespaard.'

Madame Edbouche startte de motor en we hobbelden weer dwars tussen de rotsen door terug naar het dal. De dorpsbewoners stonden ons voor hun huisjes na te kijken en werden langzaam steeds kleiner in de achterruit. Yamna hield haar baby stevig vast en keek niet één keer achterom.

Najat bestaat officieel niet. Ze bezit geen papieren die haar bestaan bevestigen. Toen ze naar Oum el Banine kwam, was ze zwanger. Inmiddels is haar dochtertje Zohra drie jaar oud en ook zij bestaat officieel niet. Je kunt geen kind hebben als je niet bestaat. Dat is Marokkaanse logica.

Najat bestaat niet omdat ze 21 jaar geleden buitenechtelijk is geboren. Ze kent haar vader niet en haar moeder kan ze zich nauwelijks herinneren. 'Ze was een dienstmaagd,' zegt Najat, 'een petite bonne, net als ik. Ze was van een man in de Haha.'

Najat heeft een zacht, knap gezicht en mooie ogen. Als ze lacht, heeft ze kuiltjes in haar wangen. Haar gezicht verraadt niet wat ze allemaal heeft meegemaakt.

'Mijn moeder is overleden toen ik zes was,' vertelt Najat. 'Ze was ernstig ziek. Vlak voor haar dood gaf ze me aan een familie in de woestijn. Die beloofde goed voor me te zorgen.'

De moeder kende de familie niet aan wie ze haar dochter toevertrouwde. Ze was naar de woestijn gekomen om het graf van de heilige Sidi Mohammad Obrahim te bezoeken in de hoop op genezing. Men zegt dat je er wordt genezen als je om de tombe van de heilige heen loopt en die kust. Nog beter is het als je offergaven bij je hebt: een kip, een schaap of, in ernstige gevallen, een geit. Ongevaarlijke probleempjes kun je oplossen met wierookstaafjes, een kaars of geld. De ziekte van de moeder was zo ernstig dat er een dier moest worden geofferd.

Daarvoor was het echter te laat. De moeder had met haar dochter nauwelijks onderdak gevonden in het lemen huisje van de bewuste familie of ze stierf. Najat bleef alleen achter bij de vreemde mensen in het hete, stoffige Berberdorp in het zuiden van Marokko.

Het gebeurt vaak dat weeskinderen door families worden opgenomen die een goedkope arbeidskracht nodig hebben. Dit gebeurde ook met Najat. Hoewel ze pas zes was moest ze voor kost en inwoning hard werken als dienstmeisje.

Eigenlijk was Najat nog veel minder dan een dienstmeisje. Ze was een petite bonne. Ze had geen papieren, geen familie, niemand beschermde haar. De familie verhuurde het meisje aan een andere familie waar ze door de heer des huizes werd verkracht. Toen ze terugkeerde naar het huishouden van haar eigenaar, verkrachtte ook hij het kind voor wie hij verantwoordelijk was. Hij verkrachtte haar wanneer hij maar wilde, zelfs voor de ogen van zijn vrouw.

'Wat kon ik doen?' zegt Najat. 'Ik was maar een meisje.'

Zeven jaar lang misbruikten de mannen uit het dorp het kind. Ik wil er niet aan denken hoeveel leed haar is toegebracht, hoe vaak ze 's nachts heeft liggen huilen en hoe verloren ze zich moet hebben gevoeld. En toch keerde Najat steeds weer terug naar de man die haar moeder beloofd had voor haar te zorgen, de man die zijn belofte al brak voordat de moeder was begraven.

'Hij was mijn familie,' zegt Najat. 'Het enige wat ik had. Waar had ik heen moeten gaan?'

Najat was inmiddels een knap meisje geworden. En toen waagde ze het ondenkbare. Ze ging naar de politie. Een nichtje van de dader had haar dat aangeraden. Daar had de man niet op gerekend. Hij had erop vertrouwd dat iemand die niet bestaat ook geen aangifte kon doen. Maar soms gebeuren er zelfs in de Marokkaanse bureaucratie wonderen.

De plaatsvervangend president van de rechtbank bood aan voor Najat te zorgen. Ze verhuisde naar een groot huis en werd voor het eerst sinds jaren goed behandeld. Ze moest wel werken, maar ze werd niet geslagen en misbruikt. Helaas werd de vrouw van de president van de rechtbank jaloers, omdat Najat erg mooi was. Terwijl haar man op zijn werk zat, benaderde ze Najat. Ze drukte het meisje geld in de hand, ter waarde van tien euro, en zei: 'Meisje, dit is voor jou. Verdwijn en laat ik je nooit meer zien. Allah zij met je.'

Najat was toen veertien.

Ze slaagde erin naar Agadir te komen. Ze herinnerde zich van haar moeder dat hier een aardige oude vrouw woonde. Ze vond de vrouw en die nam haar in huis. De oude vrouw liet haar na haar dood na aan een zoon en die gaf haar door aan een ander familielid toen hij naar het buitenland verhuisde. Najat was niet meer dan een voorwerp, een ding dat steeds werd doorverkocht, uitgeleend, geërfd; alsof je een djellaba, een geit of een kameel doorgeeft.

Petites bonnes zijn voor de Marokkanen weliswaar mensen, maar ze zijn tweedeklas. Je herkent ze meteen op straat. Ze dragen hun hoofddoek met een bepaalde knoop boven hun voorhoofd. Aan hun voeten hebben ze meestal rubberen sandalen, omdat ze altijd vloeren aan het schrobben zijn en daarbij in het water staan. Ze kijken je nooit in de ogen en ze krimpen ineen als je een snelle beweging maakt, omdat ze denken dat ze weer worden geslagen. En ze hebben kromme vingers van het werken.

Toen ik klein was, vond ik de petites bonnes een beetje eng, omdat ze net zo oud waren als wij, maar niet deden wat kinderen op onze leeftijd deden. Wij konden ons geen dienstmeisje veroorloven, maar een paar kinderen in mijn klas hadden er een. Soms waren de dienstmeisjes jonger dan de jongens en meisjes op wie ze moesten passen. Mijn vriendin Fatima had zo'n dienstmeisje. Als we op straat zaten te spelen met stukjes hout, kwam ze Fatima halen.

'Fatima, je moeder stuurt me, je moet naar huis.'

Het was gek zo'n meisje te zien met kromme vingers dat deed of het volwassen was.

'Hé, Malika,' riepen wij, 'wil je meespelen?'

Even lichtten Malika's ogen op en ze huppelde naar ons toe.

Maar dan schoot haar iets te binnen. 'Ik kan niet. Ik ben een petite bonne. Ik mag niet met normale kinderen spelen. En bovendien moet ik werken.' En dan verdween ze weer in het huis van haar eigenaren. Ik wist dat ze als laatste naar bed zou gaan, nadat ze alles had opgeruimd en het licht had uitgedaan. En haar bed bestond uit niet meer dan een paar stukjes karton en een versleten wollen deken, want zo had mijn bed er destijds ook uitgezien. En de volgende ochtend zou Malika als eerste opstaan, de oven aansteken en aan het huishouden beginnen, nog voor haar eigenaren opstonden.

Malika was nog geen dertien.

Nu ik Najats verhaal vertel, denk ik veel aan Malika, die met ons in dezelfde straat woonde, maar zo'n ander leven leidde dan wij.

Najat kwam uiteindelijk bij een tante van haar laatste eigenaar terecht. Daar werd ze zwanger gemaakt door de kleinzoon des huizes, die niet veel ouder was dan zij. De tante bracht haar naar Oum el Banine.

Ze zat in het kantoortje van madame Edbouche, zoals al zoveel andere vrouwen voor haar. Naast haar zat Najat, ineengedoken en met de blik naar de grond gericht. Achter haar bureau torende de imposante leidster van Oum el Banine, een angstaanjagende blik in de ogen en met zweet op het voorhoofd van de hitte in het kantoortje en de opborrelende woede.

'*Chère* madame Edbouche,' begon de tante. 'Vrede zij met u. Dit is ons dienstmeisje Najat. Ze is per ongeluk zwanger geworden.'

De rechterwenkbrauw van chère madame Edbouche ging licht omhoog. De gevoelstemperatuur in het kantoortje zonk onmiddellijk met vijf graden.

'Najat is een goed dienstmeisje,' zei de tante met een ietwat bibberig stemmetje, 'en we zouden haar graag willen houden. Ze kan goed koken, ze is erg proper, maar…'

'…maar haar baby moet maar hier blijven na de geboorte,'

vulde madame Edbouche aan met een nog zachte stem. Er klonk al ergernis in door. Ze had dit al zo vaak gehoord.

'U slaat de spijker op z'n kop, madame Edbouche,' probeerde de tante liefjes. 'Uw voorstel klinkt heel verstandig en…'

Madame Edbouche liet de tante niet meer uitspreken. Als ze iets niet uit kon staan waren het huichelaars. Met een ongeduldige handbeweging maande ze de tante tot stilte. Ze wendde zich tot Najat. 'En jij dan, liefje,' zei ze zacht, 'vind jij het ook zo'n goed idee om je baby bij ons af te geven en weer te gaan schoonmaken bij deze…' haar stem werd scherp, '…bij deze wel zeer edele dame? Of wil je liever bij je baby blijven?'

'Baby blijven,' mompelde Najat bijna onhoorbaar. Maar niet onhoorbaar genoeg voor madame Edbouche, die in dit soort gevallen over een bijzonder goed gehoor beschikt.

'Hebt u het gehoord?' vroeg ze aan de tante.

'Nee,' zei de tante, 'ik kon het niet verstaan.'

'Dan zal ik het nog even duidelijk voor u herhalen,' zei madame Edbouche met aanzwellende stem. 'Dit meisje gaat een kind baren en ik ga onderzoeken van wie het is. En ik sleep die kerel voor de rechter, daar kunt u van op aan.' Madame Edbouche moest even op adem komen. 'En daarna zal Najat er voor haar kind zijn en niet meer voor u. Moge Allah u behoeden op uw weg terug naar huis. Zo, en jij Najat,' zei madame Edbouche en haar stem werd weer vriendelijk en moederlijk, 'jij blijft bij ons. Je bent niet de enige die op deze manier zwanger is geraakt. Je hoeft je niet te schamen voor het kind in je buik.'

De tante vertrok beledigd en Najat bleef achter in het blijf-van-mijn-lijfhuis. Haar dochter Zohra kwam ter wereld in het ziekenhuis. Het is een prachtig, gezond en intelligent klein meisje. Najat werkt opnieuw voor een familie, maar hier gaat het voor de verandering eens echt goed met haar. Bovendien is ze verloofd en gaat ze binnenkort trouwen.

Voor madame Edbouche was de zaak nog niet afgerond. Ze doet geen halve zaken. De strijd om gerechtigheid voor vrouwen en kinderen ziet Madame Edbouche als een oorlog waarin je alleen kunt winnen of verliezen. Een beetje winnen bestaat niet. Dus begon ze een proces tegen de eerste eigenaar van Najat, de vader uit het woestijndorp die zijn dienstmeisje had verkracht toen ze nog niet eens tien was. Het proces verliep traag en als Mahjouba er niet voortdurend achterheen had gezeten, was het waarschijnlijk op niets uitgelopen. Maar ze gaf niet op en nu zal er ooit, met Gods wil, een uitspraak komen.

Het tweede probleem, de ontbrekende identiteit van Najat, heeft madame Edbouche onlangs aangepakt. Tijdens lange gesprekken met Najat reconstrueerde ze het verleden van het meisje. Ze maakte lange reizen door Marokko om vast te stellen waar Najat geboren was. Er werd een oom gevonden in de Haha, maar die wilde zich het meisje niet herinneren dat in schande leeft met een buitenechtelijk kind. Dat was een tegenslag, maar madame Edbouche gaf niet op. Als een rasechte politica liep ze het hele dorp af en belegde ze een vergadering waarin ze Najats probleem omschreef.

'Broeders en zusters,' riep ze. 'Dit meisje kan er niets aan doen dat ze geen papieren heeft. Ze heeft het erg zwaar gehad. Ze is vernederd en mishandeld.' Madame Edbouche wees hierbij naar Najat, die met haar dochtertje op schoot in een hoekje zat te huilen.

'Allah'oe akbar,' murmelden de dorpsbewoners vol ontzag.

'En jullie kunnen haar helpen,' riep Madame Edbouche. 'Ik roep alle mensen in dit dorp die zelf familie hebben op om deze jonge vrouw te helpen haar eigen familie te stichten. Maar dat kan alleen als ze papieren krijgt.' Er klonk instemmend gemompel. 'Jullie moeten verklaren dat Najat hiervandaan komt en dan krijgt ze haar identiteitspapieren.'

'Geloofd zij Allah!' riepen de dorpsbewoners. 'We zullen dit meisje niet in de steek laten!'

De dorpsgemeenschap zal binnenkort Najats afkomst bevestigen. Dan zal ze voor het eerst in haar leven een identiteit krijgen. Ze zal eindelijk officieel bestaan en in het bevolkingsregister worden opgenomen. Ze zal kiesrecht krijgen en ze kan naar een dokter gaan. En ze kan trouwen! Najat zal uit de schaduwwereld in het licht van de burgermaatschappij treden. Ze hoeft zich niet meer te verstoppen met haar dochtertje. Ze kan over straat gaan zonder bang te zijn dat ze opgepakt, uitgescholden of bespuugd wordt. Najat zal een normaal leven kunnen leiden. Net als andere mensen.

Oum el Banine is het enige aanlooppunt in de omgeving van Agadir waar vrouwen terecht kunnen met al hun problemen. Op een dag kwam er een jonge vrouw de krakkemikkige wachtkamer binnen die een beetje uit de toon viel. Ze had niet de typische problemen van de vrouwen die normaal bij Oum el Banine binnenkomen. Ze had geen huilende baby bij zich en ze was ook niet zwanger. Amina was een erg knappe vrouw van 21 jaar. Ze keek open in het rond en sloeg haar ogen niet neer als er iemand de wachtkamer binnenkwam of deze verliet. De andere vrouwen die op de wiebelende groene metalen stoelen langs de muur zaten te wachten, keken verstolen onder hun hoofddoeken naar haar en fluisterden. Amina hoorde hier niet, dat was duidelijk. Toen madame Edbouche binnenkwam, sprong ze op.

'Salaam aleikum, bent u madame Edbouche?'

'Aleikum salaam, dochter, wat kan ik voor je doen?'

'Ik wil u om hulp vragen.'

Gewoontegetrouw keek madame Edbouche naar Amina's buik. 'Kom maar mee naar mijn kantoor.'

Amina vertelde dat ze lerares wilde worden. Ze studeerde aan de universiteit van Agadir. Haar moeder was onlangs overleden en had haar op haar sterfbed meegedeeld dat ze niet de biologische moeder van Amina was. Amina was geadopteerd. 'Vind je echte familie, mijn kind,' had de oude vrouw gezegd voor ze haar ogen voorgoed sloot.

'Ik heb alles geprobeerd,' zei Amina, 'maar ik kom niet verder. Helpt u mij, alstublieft.'

Madame Edbouche: de vrouw die het onmogelijke mogelijk maakt. Je kunt moeilijk om haar heen, letterlijk en figuurlijk. Ze is imposant, hardnekkig en ze beschikt over een netwerk dat als een dichte sluier over Agadir en het hele zuiden van Marokko ligt, tot aan de afgelegen plaatsjes aan de grens met Algerije en het Rifgebergte en de Middellandse Zee in het noorden. Amina's verhaal had haar nieuwsgierigheid gewekt. Ze wilde de adoptiepapieren zien en onderwierp Amina aan een soort verhoor. Vervolgens ging ze met haar aantekeningen op pad langs de instanties.

Overheidsinstanties zijn in Marokko nog steeds een risicofactor. Je bent er niet een staatsburger die door hulpvaardige ambtenaren door een oerwoud van wetten en bepalingen wordt geloodst, maar een slachtoffer van machtsvertoon. Om een eenvoudig formuliertje te bemachtigen kan het gebeuren dat je een hele dag in een muf vertrek moet doorbrengen. Als je ingewikkelde zaken als vergunningen, een uittreksel of een paspoort nodig hebt, moet je vaker op audiëntie komen en zijn kleine financiële injecties onontbeerlijk.

Het corruptiesysteem, waartegen onze koning inmiddels energiek optreedt, is erg ingewikkeld. Je moet precies weten wanneer je een ambtenaar discreet omkoopt en wanneer niet en het is nog moeilijker om te bepalen met hoeveel. Is het te weinig, gebeurt er niets. Is het te veel, zal de ambtenaar in kwestie de omkooppoging in het gunstigste geval met een vies gezicht afwijzen. Als je pech hebt, schreeuwt hij de hele boel bij elkaar en word je beticht van omkoperij.

Ik heb persoonlijk om deze redenen nooit gedurfd mijn zaken op deze manier op te lossen. En ik wed dat madame Edbouche zulke plompe manieren niet in hoeft te zetten omdat ze voldoende andere ijzers in het vuur heeft om de ambtenaren – die ze kent als haar broekzak – tot medewerking te dwingen. In elk geval had ze een paar dagen na Amina's bezoekje aan Oum el Banine al voldoende informatie verzameld om erg verontwaardigd te zijn, wat je bij haar ziet aan de zweetdruppeltjes op haar voorhoofd en het onophoudelijk naar de mouw grijpen waar een zakdoek zit om haar voorhoofd mee af te deppen.

'Het is niet te geloven wat een smerige zaak dat is geweest,' zei ze tegen me.

Ik kon me veel smerigs voorstellen, maar voordat ik de kans kreeg in mijn herinnering te zoeken naar een passend schandaal, helderde madame Edbouche de zaak op.

23 jaar geleden was het allemaal begonnen. Amina's biologische moeder was tijdens haar studie verliefd geworden op een medestudent. Ze gingen niet met elkaar naar bed. Natuurlijk niet. Amina's moeder wilde als maagd het huwelijk in. Het paar zou vlak na het beëindigen van de studie trouwen. Toch werden er op een of andere manier lichaamssappen uitgewisseld en op een dag was Amina's moeder zwanger. Toen haar ouders het hoorden, was het al te laat voor een abortus, maar de gynaecoloog had ook een goed bericht: het maagdenvlies was nog intact.

Die laatste woorden spuugde Mahjouba bijna uit: 'Intact. Maagdenvlies.'

Ik had niet zo snel door hoe explosief die opmerking was, maar ik werd door Mahjouba niet lang onwetend gelaten: 'Je vermoedt zeker al wat er nu komt,' zei ze. En de aders in haar slapen zwollen ongezond aan.

Ik schudde mijn hoofd.

'Het draaide allemaal om dat vermaledijde maagdenvlies.' Mahjouba depte het zweet van haar voorhoofd en bovenlip. 'Ze doen alles om het maagdenvlies te redden. Voor moeder en kind deden ze niets.'

Ik begreep het nog steeds niet. 'Wat deden ze dan?'

'Ze betaalden een dokter om een keizersnee toe te passen, zodat het maagdenvlies tijdens de bevalling intact zou blijven. Er was geen enkele medische indicatie voor. Daarna gaven ze het kind vrij voor adoptie. En nu komt het ergste: tegen Amina's moeder zeiden ze dat haar baby dood was gegaan. Arme vrouw, ze heeft haar dochter nooit gezien.'

Ik begreep waarom Mahjouba zo kwaad was. Eens te meer hadden de normen van de maatschappij levens kapotgemaakt, mensen eindeloos leed toegebracht en families uit elkaar gerukt. Het was weer eens belangrijker geweest wat buren, kennissen en verre familie wel niet zouden zeggen dan te luisteren naar het eigen hart. En opnieuw waren vrouwen het slachtoffer.

Twee dagen later nam madame Edbouche Amina mee in haar busje.

'Ik heb het adres,' zei ze. Urenlang zaten de twee vrouwen in het busje voor een groot huis in Agadir te wachten tot er iemand naar buiten kwam.

Eindelijk verliet een oude vrouw het huis.

'O, mijn god,' zei madame Edbouche. 'Ik geloof dat ik haar ken.'

'Wie is zij?'

'Ze is een oude lerares van mij, van vroeger,' zei madame Edbouche zachtjes. 'En ik denk dat ze je oma is.'

De twee vrouwen stapten uit en liepen naar de oude vrouw toe.

'Herken je mij?' vroeg madame Edbouche.

'Nee,' antwoordde de vrouw en ze schudde haar hoofd.

'Ik ben een oud-leerling en ik heet Mahjouba. Ik zat ooit bij je in de klas.'

'Ach, jij bent het, nu herinner ik me je. Ik herinner me je goed,' zei de oude vrouw en ze wilde Mahjouba omhelzen. Maar die deinsde terug.

'Hier is nog iemand die je moet kennen,' zei Mahjouba en ze wees naar Amina.

'Waarom moet ik dit meisje kennen?' vroeg de oude vrouw verward.

'Omdat ze je kleindochter is. Je overléden kleindochter,' zei madame Edbouche verachtelijk met de klemtoon op overleden.

De oude vrouw werd bleek. Ze maakte geen verraste indruk,

eerder schuldbewust. Waarschijnlijk had ze alles bekokstoofd om de schande over haar familie af te wenden en de eer van de familie te bewaren. Hoeveel leed wordt er veroorzaakt voor die zogenaamde eer? Hoeveel liefde wordt er in de kiem gesmoord om die zogenaamde schande te verhinderen? Hoeveel misdaden worden erom begaan? Hoeveel moorden?

De oude vrouw zei: 'Alsjeblieft, dit móét onder ons blijven. We zijn een eerzame en belangrijke familie.'

Ze bleef maar aan het aanzien van haar familie denken en niet aan het feit dat haar kleindochter voor haar stond, het meisje dat ze had geprobeerd kapot te maken.

Mahjouba lachte schamper. 'De hele wereld zal weten wat er gebeurd is als je er niet onmiddellijk voor zorgt dat dit meisje in je familie wordt opgenomen zoals het hoort. Waar is Amina's moeder, je dochter?'

'Ze woont ver weg, in Abu Dhabi. Het gaat niet goed met haar. Ik kan haar niet van dit kind vertellen,' zei de oude vrouw en ze wees in de richting van Amina.

'Ik vrees dat het toch moet, als je tenminste niet wilt dat je het middelpunt wordt van een ongekend schandaal.'

De oude vrouw verklaarde zich bereid toch nog wat informatie te geven. Bij één punt viel Amina bijna flauw en was madame Edbouche sprakeloos.

'Ik heb al veel meegemaakt,' zei ze naderhand, 'maar dit geval was heel bijzonder. Dat alle betrokkenen zoveel met elkaar te maken hadden, dat is bijna eng. Eerst de oma, die mijn lerares bleek te zijn en toen die vader, die Amina's professor bleek te zijn. Hij heeft haar jarenlang lesgegeven. En hij wist niet, en Amina ook niet, dat ze familie waren. De arme man dacht ook dat zijn dochter tijdens de bevalling was overleden.'

Inmiddels heeft Amina contact met haar moeder in het Nabije Oosten. Ze had destijds de relatie met Amina's vader moeten beëindigen, onder druk van haar familie, en ze had hem nooit meer gezien. Ze werd uitgehuwelijkt aan een neef, die met haar emigreerde.

De familie heeft zich bereid verklaard Amina op te nemen. Ze zal de naam van haar ouders aannemen en ooit recht hebben op een erfenis. Binnenkort vliegt ze naar Abu Dhabi om haar moeder te ontmoeten, voor het eerst na 23 jaar.

Het openbare kinderbeschermingscentrum in Agadir ligt aan de grote straat die vanuit het centrum naar de soek loopt. De soek van Agadir is overdekt en heel groot. Er zijn honderden winkeltjes en de markt is druk bezocht.

In het kinderbeschermingscentrum zijn ongeveer tachtig jongens tussen de zes en de achttien jaar ondergebracht die door de politie van de straat zijn geplukt en door de rechtbank zijn veroordeeld. In Nederland noemt men zo'n instituut waarschijnlijk jeugdtehuis.

Ik kende het kinderbeschermingscentrum al uit de tijd dat iemand uit mijn familie er terechtkwam nadat hij was opgepakt vanwege fietsdiefstal. Ik noem hem hier maar even Tarik. Dat is niet zijn echte naam, maar mijn familie wilde liever niet dat zijn naam op straat zou komen te liggen. Het zou zijn kansen op terugkeer in de maatschappij verkleinen.

Tarik is negentien. Hij woont niet meer in het centrum van Agadir en werkt naar eigen zeggen als ober in een plaats in de omgeving van Agadir. Ik weet niet zeker of het hem lukt ooit een fatsoenlijk burger te worden, want tijdens mijn laatste bezoek vond ik hem niet echt gelouterd. Hij pikte al mijn geld. Boos kan ik er niet om worden, omdat ik Tariks verhaal ken. Tarik is een kind van gescheiden ouders. Sinds zijn zevende groeide hij bij zijn vader op, omdat de nieuwe echtgenoot van zijn moeder niets met hem te maken wilde hebben. Tariks vader keek niet naar hem om. Tarik verwaarloosde steeds meer. Hij leefde op straat en probeerde zo vaak mogelijk naar zijn moeder toe te komen. Soms was hij dagenlang onderweg om de honderd kilometer te voet af te leggen. Mijn broer Jaber ontdekte hem ooit in een doos waar hij als een klein, bang diertje in was gekropen om te slapen.

Ik was altijd bang dat Tarik net als de andere straatkinderen zou beginnen met het snuiven van schoenmakerslijm om zo de honger, de angst en de eenzaamheid niet meer te voelen.

Tarik kon niet bij zijn moeder blijven en werd telkens weer teruggestuurd naar zijn vader. En elke keer dat dat gebeurde, was ik verdrietig en woedend.

Ik had altijd en heb nog steeds een innige band met Tarik. Ik ging in Agadir vaak op zoek naar hem. Dan reed ik door de steegjes van het centrum en vroeg ik de straatkinderen of ze hem hadden gezien. Een paar uur later stond hij dan voor het huis van zijn vader op me te wachten. Hij ging nooit naar binnen, we ontmoetten elkaar altijd buiten.

'Hoe is het met je?'

'Goed.'

'Waarom ga je niet naar school?'

'Ik ga binnenkort weer. Heb je iets voor me?'

Als klein kind was Tarik al doortrapt geweest. Hij leek op mij vroeger. Toen ik zo oud was als hij, was er ook geen volwassene die me beschermde. Net als hij bracht ik het grootste gedeelte van de dag op straat door om iets tegen de honger te vinden die zich diep in mijn botten had gevreten. Ik geloof niet dat ik zo koelbloedig was als Tarik. Ik wist altijd zeker dat ik het zou maken. Ik stond open voor de wereld. Ik wilde leren en ik wilde liefhebben. Tarik had zichzelf opgegeven. Hij kon niet meer leren en niet meer liefhebben. Het minst hield hij van zichzelf.

Onlangs ging de telefoon.

'Khalti Ouarda, Tarik hier.'

'Tarik! Wat een verrassing! Wat is er aan de hand?' Hij had me nog nooit in Duitsland gebeld. Er moest iets bijzonders aan de hand zijn.

'Ik heb geld nodig, tante. Vijftigduizend dirham maar. Kun je me vijftigduizend dirham geven?'

Vijftigduizend dirham is een hoop geld. Omgerekend is het vijfduizend euro. In Marokko is het ongeveer vier keer zoveel waard. Van vijftigduizend dirham kun je in Marokko een heel jaar leven.

'Vijftigduizend dirham? Wat wil je met al dat geld?'

'Ik kom naar Europa.'

Ik was op m'n hoede. 'Maar je spreekt toch helemaal geen Frans en geen Engels. En Duits al helemaal niet. Ze laten je hier nooit blijven.'

'Tantetje!' Tarik sprak met me alsof ik langzaam van begrip was. 'Daar heb ik toch dat geld voor nodig. Als je vijftigduizend dirham hebt, hoef je die talen allemaal niet te kennen.'

Nu begreep ik wat Tarik bedoelde. Hij wilde een mensen-smokkelaar betalen om hem over de Middellandse Zee naar Spanje of over de Atlantische Oceaan naar de Canarische Eilanden te brengen.

'Ik vind het goed dat je iets met je toekomst wilt doen, Tarik, maar je moet het op een andere manier doen. Mannen veel geld geven voor een overtocht is niet de oplossing. Ik ben niet in Marokko, maar praat er maar over met Asia, die kan je vertellen of het goed is wat je van plan bent.'

Natuurlijk deed Tarik dat nooit. Misschien had hij het geld ook wel nodig voor illegale handeltjes. Daar ben ik wel bang voor.

Toen Tarik op zijn tiende in het kinderbeschermingscentrum terechtkwam, was dat zijn redding. De jongens slapen er in grote slaapzalen. Dat is misschien niet zo geweldig, maar ze krijgen elke dag een warme maaltijd en ze gaan er naar school. Ze kunnen ook in de leer, als schoenmaker of leerbewerker.

Natuurlijk ontbreekt het aan alles in het centrum. Per kind heeft het centrum elf dirham te besteden, omgerekend iets meer dan een euro. Daarom ondersteunt Tränenmond e.V. het kin-

derbeschermingscentrum met dingen die het zich niet kan veroorloven. We hebben nieuwe douchekoppen gekocht, medicij-
nen voor een epileptisch kind, shampoo en zeep en we hebben
de grootste wens van de jongens vervuld: een dvd-speler en wat
films.

Het kinderbeschermingscentrum is geen gevangenis, hoewel
er alleen kinderen en jongeren terechtkunnen die iets op hun
kerfstok hebben. De poorten worden alleen 's nachts gesloten,
de rest van de tijd kunnen de kinderen er vrij in en uit.

'Meestal knijpen ze er een of twee keer tussenuit,' zeggen de
sociaalpedagogen van het centrum, 'maar ze komen vaak terug,
omdat ze de veiligheid en het perspectief dat wij bieden kunnen
waarderen.'

De jongens in het kinderbeschermingscentrum kennen me
inmiddels al. De ouderen proberen cool te doen en houden afstand. Maar de kleintjes krijsen 'Welkom, khalti Ouarda!' en ze
vertellen wat ze op school hebben geleerd.

Tarik is hier niet meer en daar ben ik blij om. Afscheid van
hem nemen was altijd een drama. Tarik huilde als ik door de
grote poort naar mijn auto liep. 'Alsjeblieft, tante, neem me
mee!'

'Ik kan je niet meenemen, Tarik. Dat weet je. Je bent hier, omdat je veroordeeld bent. Je mag Marokko niet uit.'

Ik had een paar keer geprobeerd met instanties te praten. Ik
had zelfs in Duitsland gevraagd onder welke omstandigheden ik
een kind uit Marokko naar me toe kon halen. Maar de regels waren zo streng dat er geen kans was Tarik legaal naar Duitsland te
halen. Bovendien had hij ouders die dat helemaal niet wilden.

Tariks gezicht verstarde. Zijn tranen droogden op en hij kreeg
een vastberaden trek om zijn mond.

'Je zult nog wel zien, tante, ik ga het maken.'

Ik wou dat het zo was, maar ik ben bang dat Tarik geen enkele
kans maakt.

In augustus 2004 gingen we allemaal samen naar Marokko: Michael, Clara, Emil, Samuel en ik. We hadden een appartement in Agadir gehuurd dat vooral Samuel prachtig vond, vanwege de grote mieren. Urenlang zat hij op het verlaten pleintje met de stoffige bomen voor ons huis naar de mieren te kijken. Hij is gek op insecten en hij vond Marokko geweldig, helemaal nadat hij in de bosjes voor ons huis een bidsprinkhaan had ontdekt die vanaf dat moment door hem met mieren werd gevoerd.

Bij ons complex hoorde een soort huismeester, Said heette hij. Hij zag het als een speciale taak ons buitenlanders te beschermen. Said was zo uitgemergeld als een fakir. Als hij liep steunde hij op de bezem die hij altijd bij zich had. Said was een Arabier uit het noorden en je kon hem amper verstaan. Hij articuleerde niet goed, omdat hij bijna geen tanden meer had. Zijn ogen waren rood, alsof hij vaak de sterke hasj uit het Rifgebergte rookte. Toch was hij een uitstekende oppas voor Samuel, die op zoek naar mieren soms iets te ver van huis wegliep en dan door Said met behulp van de bezem trouwhartig terug naar huis werd gedreven. En hij was ook in andere situaties erg behulpzaam.

Op een gegeven moment hadden we problemen met de kofferbak van onze huurauto. Het slot was kapot. Toen de autoverhuurder de auto na de noodzakelijke reparatie terug kwam brengen, wilde hij dat wij de rekening betaalden. En daar peinsde ik niet over. Er ontstond een discussie op de parkeerplaats tussen de verhuurder en mij. Said stond ernaar te kijken onder een van de treurige boompjes op het plein. Toen de ruzie steeds heftiger werd, slofte Said naderbij. Hij mompelde op zijn onverstaanbare manier: 'Zal ik hem voor je in elkaar slaan?' En hij onderstreepte zijn aanbod door enthousiast met zijn bezem te zwaaien.

Ik moest op mijn lip bijten om niet te lachen. 'Nee, dank je. Ik geloof niet dat het nodig is. Maar blijf maar in de buurt, voor de zekerheid.'

Met een gewichtige uitdrukking op zijn gezicht bleef Said op zijn bezem geleund naast de kofferbak van de auto staan. Daar werd de verhuurder zo nerveus van, dat hij uiteindelijk eieren voor zijn geld koos en verdween.

De tijd in Marokko met Michael en de kinderen was vrolijk en ontspannen. Ik vergat soms zelfs mijn zorgen om Oum el Banine, het kinderbeschermingscentrum en mijn geboortedorp Igraar. Michael en ik stonden elke ochtend vroeg op om naar het strand te rijden en langs de kustlijn te joggen. Meestal was het zo vroeg dat we alleen sportende soldaten tegenkwamen. Een keer kwam de koning, die zijn paleis vlak achter de duinen heeft, ons tegemoet. Gewoonlijk jogt hij alleen in het afgesloten gebied om het paleis heen, maar die dag was hij kennelijk erg fit en wilde hij een groter rondje lopen. Zijn tempo was hoog, maar naast zijn gespierde bodyguards zag hij er niet bijzonder sportief uit.

'Goedemorgen, sidi!' riep ik.

De koning glimlachte en toen was hij alweer weg.

Op een dag reden we naar Immouzèr om de beroemde watervallen te gaan zien. Als een serpentine slingert de weg door het Asif'Tamrhakht, het paradijsdal, naar boven tot op 1160 meter. Daar staat een eenvoudig, maar prachtig hotel, hotel Cascades, met een groot terras waar je thee en koffie kunt drinken. Wie zin heeft, kan er zijn badkleding aantrekken en in het heerlijk verfrissende natuurzwembad springen.

De watervallen zelf waren een beetje teleurstellend omdat er op dat moment in verband met de langdurige droogte weinig water was. Er waren daarom ook weinig toeristen, tot groot verdriet van de souvenirverkopers, reisgidsen, parkeerwachten en verdere dorpsbewoners die ons onmiddellijk allemaal probeerden in te palmen. We werden begeleid door minstens tien man op de korte weg naar de waterval en allemaal wilden ze een fooi.

We waren nog niet bij de waterval aangekomen, of een stoet jongeren klom boven op de rotsen, om van duizelingwekkende hoogte in het kleine bassin te duiken dat het water in de rotsen had uitgesleten. Ook zij deden dit alleen in de hoop op een fooi.

Michael liet de inhaligheid van mijn landgenoten rustig over zich heen gaan. Maar ik wond me vreselijk op. Omdat ik Marokkaanse was, verwachtte ik met respect behandeld te worden. Erger nog, ik was ook een Berber. Ik hoorde erbij en wilde niet worden behandeld als een Arabier of een toerist. Daar is namelijk verschil tussen en in het Berbergebied bestaan verschillende prijsniveaus voor verschillende groepen. Berbers betalen de normale prijs, Arabieren het dubbele en toeristen moeten het drie- of viervoudige betalen. En daar ontstond dikwijls stress om.

Een andere keer parkeerden wij onze auto bijvoorbeeld in de prachtige bergstad Taroudant, die wordt omsloten door een metershoge lemen muur. Bij terugkomst eiste een van de aan de kant van de weg lanterfantende mannen tien dirham voor de bewaking van onze auto. Tien dirham is een toeristenprijs. Berbers parkeren voor twee dirham.

'Broeder,' zei ik in het Tasheliyt, 'ik ben van hier.'

'O?' zei de man. 'Je Tasheliyt klinkt anders best raar. Je ziet eruit als een Europese en zij…' hij wees naar Michael en de kinderen ' … en zij helemaal.'

'Ik woon in Europa, dat klopt. Maar ik ben een Imazighen, net als jij.'

De Berber bekeek me minachtend van top tot teen en herhaalde: 'Tien dirham.'

'Vergeet het maar,' zei ik. Het ging om het principe.

Achteraf vind ik mijn koppigheid wel een beetje stom, maar

op dat moment had ik het gevoel te moeten vechten voor mijn identiteit. Dat heb ik altijd gemoeten: vechten voor mijn identiteit. Als kind, na de moord op mijn moeder, als jongere, vernederd en mishandeld door mijn familie en als Afrikaanse in Duitsland. Soms is het moeilijk om te vergeten dat je niet altijd hoeft te knokken.

In elk geval werd de sfeer grimmig. Ook dat ken ik: als mijn broeders het gevoel hebben dat er een leuk klein handeltje de mist in gaat, of erger nog, ze worden door iemand onjuist behandeld, dan worden ze snel agressief. En deze man, die had gedacht zijn tien dirham ongeveer al in z'n zak te hebben, voelde zich door mij onheus bejegend.

'Allemaal de auto in,' siste ik tegen de kinderen, 'deuren op slot! Michael: jij rijdt!'

Geschrokken deed iedereen gehoorzaam wat ik zei. Het moest snel gaan. Ik sprong in de auto en riep: 'Rijden!'

Michael startte de motor, maar kwam vanwege de voetgangers en een kar met ezel niet zo goed weg. De Berber rende naast de auto met ons mee en roffelde met zijn vuisten op het dak. Toen hij het niet meer volhield, bleef hij staan, raapte een paar stenen op en gooide die achter ons aan.

'Wat was dat voor actie?' vroeg Michael.

'Hij wilde toeristenprijzen van ons.'

'Maar we zijn toch ook toeristen?'

Verbaasd keek ik Michael aan. Hij had gelijk. Hij zag er inderdaad niet uit als een Berber. Ik keek naar de kinderen op de achterbank. Hun ogen straalden van opwinding. Maar behalve Samuel leken ook zij in de verste verte niet op een Marokkaan.

'Ja, maar toch,' zei ik gefrustreerd.

'Om hoeveel ging het?'

'Tien dirham.'

Michael lachte. 'Tien dirham, dat is nog niet eens een euro.'

Ik knikte.

'Weet je?' zei Michael. 'Eén euro is deze stress niet waard. Laat mij in de toekomst de financiële onderhandelingen maar voeren. Ik geef die man twee euro en je zult zien: in plaats van ons te stenigen, zegent hij ons. Dat is toch veel beter!'

Zo doen we het sindsdien. Ik was wel een beetje gekrenkt in mijn Berbertrots, maar het leven in Marokko is zo een stuk aangenamer. In Marokko is het sowieso de gewoonte dat de man alles regelt. Dus als Michael het roer overneemt, voel ik me een echte Marokkaanse. Hij doet het overigens zo goed dat ik gloei van trots en mijn gekrenkte ego snel vergeten is.

We gingen deze vakantie ook naar Guelmim, waar in augustus en oktober de grootste kameelmarkten van de West-Sahara plaatsvinden. Guelmim ligt aan de rand van de woestijn.

Vlak voor Guelmim ligt aan de rechterkant van de weg een plaatsje met een genezende bron, waarvan men zegt dat je er veel ziektes mee kunt genezen. Het plaatsje heet Abeino. Behalve de twee baden en een bloembed op het kruispunt van twee wegen, is er niets. Het ene bad is voor mannen. In avontuurlijk grote zwembroeken liggen de zwakken en zieken in het water. Interessanter is het bad voor de vrouwen. Hier was kennelijk volledige lichaamsbedekking nog vereist. In elk geval waadden de badgasten in pyjama en met hoofddoek door het met heet water gevulde bekken en dat verbaasde me, want eigenlijk tonen Marokkaanse vrouwen als ze onder elkaar zijn zich ongegeneerd naakt, dat zijn we zo uit de hamam gewend. Ik vond dat gedoe met die pyjama's zo vreemd en zo onhygiënisch, dat ik geen zin had om een bad te nemen in Abeino.

De kameelmarkt van Guelmim vindt plaats op een terrein voor de poorten van de stad, aan de weg naar Tan-Tan. Duizenden kamelen worden uit Mali en Mauritanië door de woestijn richting noordwesten, richting Guelmim gedreven, waar de handelaren uit het hele land zitten te wachten op de karavanen.

Toen wij op de markt aankwamen, waren de meeste kamelen al verkocht. Toch stonden er nog een paar honderd dieren. De mannen bekeken de kamelen eerst van alle kanten. Daarna werkten ze het dier met vereende krachten tegen de grond, waarna de poten werden vastgebonden, om geen dodelijke trap te krijgen. Geslachtsorganen, ogen en tanden werden gecontroleerd. En dan begonnen de onderhandelingen over de prijs.

Wij reden door naar Fask, het woestijndorp aan de rand van de Sahara, waarvandaan mijn vader destijds zo verward was teruggekeerd dat wij dachten dat een kwaadaardige djinn hem had betoverd. Op weg naar Fask ligt de oase Tighmart, waar zich een nieuw hotel bevindt dat speciaal voor de rally Parijs-Dakar, die hier een keer per jaar langskomt, is gebouwd.

Stil en verlaten lag het hotel in de hitte te sluimeren, toen wij aankwamen. Je kon de berbermuziek al van verre horen schallen. In de lobby sliepen twee honden. Bij de receptie zat een jongeman te slapen. We hadden erg het gevoel dat we stoorden. Net toen we ons wilden omdraaien om te gaan, hield het gesnurk op.

'Salaam aleikum, wat kan ik voor jullie doen?' vroeg de man. Hij was op slag klaarwakker.

'Is het hotel open?' vroeg ik.

'Natuurlijk, Madame,' zei de man vlot.

We vroegen of we de kamer mochten zien. Onderweg daarheen probeerde de man onopvallend de uitgedroogde hondendrolletjes die overal lagen, weg te schoppen met zijn voet. Kennelijk was hier al een hele tijd niemand meer geweest.

We kregen twee mooie kamers, die op het tweede gezicht niet erg schoon bleken te zijn. De lakens waren niet schoon en toen we in het toilet keken, lag er nog een drol in. Het spoelwater was opgedroogd.

'Sorry,' zei ik, 'maar kunt u dat in orde maken?'

De ogen van de man begonnen te trillen. 'Ik zou de schoonmaakster kunnen vragen,' zei hij weifelend, 'maar die doet het toch niet. Ze doet nooit wat ik zeg. Het is een onmogelijk mens. Als u durft, kunt u zelf met haar spreken. Maar ik waarschuw u: ze heeft een heel kort lontje.'

'Waar kan ik haar vinden?'

'Hoort u die muziek?'

'Ja, ik hoor iets.'

'Gewoon de muziek achterna en dan vindt u de schoonmaakster vanzelf.'

Het hotel had meerdere gebouwen die rond verschillende patio's lagen. De muziek kwam uit de richting van de achterste patio en zwol aan naarmate ik de bron naderde. Ten slotte stond ik voor een deur die bijna trilde op het ritme van de muziek. Berberse trommels. Ik roffelde op de deur.

Het duurde lang voor er iemand opendeed. Een knappe, lange vrouw keek me aan. Ze had niet de moeite genomen het geluid zachter te zetten.

'Wat wil je?' brulde ze in het Tashelhiyt.

'Pardon!' brulde ik terug. 'Ben jij de schoonmaakster?'

De schoonmaakster keek me aan alsof ik iets smerigs had gezegd. Daarna draaide ze zich om en ging de muziek zachter zetten. Toen ze terugkwam, zette ze demonstratief haar handen in haar zij en zei: 'Problemen?'

'We zijn nieuwe gasten.'

'Nou en?'

'Misschien zou je even in onze kamers kunnen komen kijken. Er is iets niet in orde.'

'Iets niet in orde?' mopperde de schoonmaakster. Toch slenterde ze met tegenzin achter me aan.

'Kijk,' zei ik, 'het laken is vies en het zit onder het haar. En dan dat hier: de wc!' Ik wees haar op de uitwerpselen.

De schoonmaakster lachte spottend. 'Wat ben jij er voor een tje? Ben je te bekakt om te kakken? Als ik die drol wegspoel, draai jij meteen een nieuwe. En dat geldt ook voor het laken. Als ik er een schoon laken op doe, maken jullie het meteen weer vies. Kan ik het beddengoed morgen weer verschonen. Ik blijf aan de gang, zeg!'

Ik geloof dat mijn mond openstond nadat ze dit had gezegd. In elk geval was ik een moment lang sprakeloos. Opeens voelde ik hoe de woede in me opborrelde. Wat dacht dit mens eigenlijk wel! Het was haar taak deze kamers schoon te houden. Ze werd ervoor betaald! Maar ze peinsde er niet over haar taken vrijwillig

206

uit te voeren. Ze was er te trots, te lui of gewoon te onverschillig voor. En dat is iets waar ik me niet alleen in Marokko aan erger: mensen die zich niet verantwoordelijk voelen voor wat ze doen. Mensen die een hoop kletsen, maar niets doen. Dat heb je niet alleen in Marokko, dat bestaat ook in Duitsland, vooral onder politici, ambtenaren en dat soort figuren, maar in Marokko is het wel erg aanwezig.

Tot mijn eigen verbazing merkte ik dat ik tegen de schoonmaakster stond te schreeuwen in het Tashelhiyt en dat ik woorden gebruikte waarvan ik niet wist dat ik ze kende. Vanuit mijn ooghoeken zag ik dat mijn man en kinderen geschrokken stonden te kijken. Geschrokken, maar ook met ontzag. Ik voelde me erdoor bevestigd en met nog meer kracht beëindigde ik mijn kleine optreden met een heuse scheldkanonnade.

Ik kan niet beweren dat de schoonmaakster na mijn kleine uitbarsting door de vloer ging van nederigheid, maar ik kreeg voor elkaar dat ze wegsukkelde om een soort van schoon beddengoed te gaan halen en een emmer met een bodempje water dat ze theatraal de wc in kieperde. De spoeling deed het niet.

Later bleek dat niets het deed in ons hotel. Er was geen water en geen stroom. Alleen achter de dag en nacht volledig uitgestorven bar was een waterkraan waar een schamel straaltje water uit sijpelde en dat alleen omdat de kraan zich direct onder het waterreservoir op het dak bevond. Elke ochtend en avond kwam het hele gezin bij deze kraan bijeen om de tanden te poetsen. Het leek wel een rituele regendans. Douchen, badderen? Vergeet het maar.

In de buurt van de oase ontmoetten we een donkere man in een tent van kameelwol. Hij heette Mohammed Butro en hij droeg een blauwe kaftan, de dracht van de woestijnbewoners. Samen met elf andere mannen van de nomadenstam der Asuawit was hij met een karavaan van honderdzestig kamelen, een zogenaamde *gafla*, uit Mauritanië onderweg. De mars door de woestijn duurt veertig dagen. Alleen de sterren en de bodemsoort wijzen de weg. Een Asuawit hoeft alleen maar wat korrels zand tussen zijn vingers te wrijven om precies te kunnen zeggen waar hij zich bevindt.

'Het zand bestaat uit meer soorten korrels dan er sterren zijn,' legde Mohammed Butro uit in het Hassania, de gutturale taal van zijn stam. 'En alle korrels zijn anders, de Almachtige zij dank. Zo wijst hij ons de weg.'

Overdag rust de karavaan. In de woestijn is het onder de zon zelfs voor de kamelen (die eigenlijk dromedarissen zijn) te heet. De kamelen zijn beladen met goud en sieraden en andere waardevolle dingen als de karavaan in noordelijke richting trekt. In Guelmim wordt de helft van de dieren verkocht, de andere helft gaat met de Asuawit terug naar huis. De kamelen zijn dan beladen met zeezout, meel, suiker en andere producten die je in de woestijn nauwelijks kunt krijgen.

Een gafla wordt aangevoerd door een kostbare witte kameel uit Mali. Deze kameelsoort is heilig bij de Asuawit en mag nooit door mensen worden aangeraakt, laat staan verkocht. Ze staan in de hiërarchie nog dichter bij Allah dan hun bruinharige soortgenoten in de cultuur van de bedoeïenen. Men zegt dat ze zijn ontstaan toen God de mensen uit aardewerk boetseerde. Er zou een brokje klei op de grond zijn gevallen en daar ontstonden de kamelen uit. Kamelen staan zo dicht bij Allah dat ze als enige levende wezens diens honderdste naam kennen. Zelfs de mensen kennen maar 99 namen van de Almachtige, waaronder bijvoorbeeld 'De Barmhartige', 'De Brenger van Nood', 'Het Licht', 'De Levensontnemende', 'De Opwekker van de Doden', 'De Onderwerper' en 'De Alwetende'.

Niet ver van de palmtuinen van Tighmart verwijderd, liggen de laatste kale uitlopers van de Anti-Atlas. En aan de voet daarvan ligt Fask, een troosteloos, stoffig dorp, waar de familie van mijn vader vandaan komt. Ik heb altijd een naar gevoel als Fask uit de door de woestijnwind opgewaaide stofwolken opdoemt. Er zijn veel boze legendes mee verbonden. Bovendien gaat het verhaal dat mijn familie ooit probeerde mijn opa te vergiftigen om aan zijn land te komen. Toen mijn vader jaren later probeerde het land terug te krijgen, kwam hij met lege handen terug. Later hoorde ik dat er ruzie was ontstaan tussen de dorpsoudste en mijn vader. De oude man had mijn vader vervloekt, met de woorden: 'Moge Allah je vervloeken. Moge je weg naar het noorden naar Agadir niet door Allah worden beschermd.' En toen mijn vader thuiskwam was hij een ander mens. Hij gedroeg zich vreemd, werd steeds onberekenbaarder en doodde uiteindelijk zijn vrouw, mijn moeder.

Ik kwam dus niet graag in Fask. Altijd als ik erheen ga, gebeuren er vreemde dingen. Dit keer stond er een oude vrouw langs de kant van de weg. We stopten, want dat is de gewoonte in dit afgelegen bergachtige woestijnlandschap waar soms maar een paar voertuigen per dag langskomen.

'Kunnen wij je helpen, lala?' vroeg ik.

'Gaan jullie naar Fask, dochter?'

'Ja.'

'Neem me dan maar een eind mee.'

De oude vrouw stapte in, schoof de kinderen aan de kant en maakte zich zo breed mogelijk. In de achteruitkijkspiegel kon ik zien hoe vies de kinderen keken, ook omdat de vrouw niet erg lekker rook. Zwaar leunde de vrouw tegen de kinderen aan, die probeerden zich zo klein mogelijk te maken. Daarna begon ze te praten. Ze was bedelaar. Ze vertelde over de mensen in Fask die om onbekende redenen heel erg rijk waren geworden in dit troosteloze nest. Niemand wist precies waarom, maar de mensen in Fask waren erg gul. Het was het beste bedeloord in de wijde omgeving.

'Misschien hebben ze ooit iets ergs gedaan om zo rijk te worden,' giechelde de oude vrouw. 'Misschien hebben ze een slecht geweten. Allah mag het weten.'

We waren blij dat we het oude mens voor de dorpswinkel met de lauwe cola konden afzetten. Ik had opeens geen zin meer in familiebezoek. Zonder nog een keer te stoppen verlieten we Fask. De schaduwen uit het verleden hadden me heel even weer ingehaald.

DE KLEUTERSCHOOL IN IGRAAR

Ongeveer honderdtwintig kilometer zuidelijk van Agadir liggen de dorpjes E-Dirh en Igraar. De kustweg loopt door het Sousdal en de plaats Massa, waar mijn broer, zusjes en ik na de dood van mijn moeder korte tijd bij familie woonden, en komt dan bij de garnizoensstad Tiznit, met zijn leemrode vestingmuren. Voorbij Tiznit wordt de straat steeds smaller. Voor het bergachtig wordt, moet je rechts afslaan en een stoffige woestijnweg op die parallel aan het gebergte loopt, in de richting van de Atlantische Oceaan. Er staan cactussen langs de weg en als je voorzichtig genoeg bent, kun je de sappige vijgen tussen de stekels vandaan oogsten. Je proeft er de hete zon van mijn vaderland in. Op de stenige akkers staan armetierige maïsplanten en goudgeel graan en in de knoestige arganbomen zitten geiten.

Hier, in deze omgeving, heb ik de leukste momenten uit mijn kinderjaren doorgebracht. In E-Dirh, dat tegen een berghelling op ligt, ben ik geboren. Het huis van mijn oma staat nog steeds midden in het dorp. Het heeft witte muren en blauwe luiken. Sinds de dood van mijn oma is het onbewoond. Alleen mijn oom Ibrahim trekt zich er af en toe terug om tot rust te komen en na te kunnen denken.

Khali Ibrahim is de broer van mijn moeder en de zachtaardigste en vriendelijkste man die ik ken. Hij is een hadji en hij wordt vereerd als sherif. Mensen vragen hem om raad. Soms zie je hem in zijn djellaba van dorp naar dorp wandelen om les te geven aan analfabeten en om mensen advies te geven op religieus gebied en bij persoonlijke kwesties. Oom Ibrahim is gepensioneerd leraar. Hij zet zijn wetenschappelijke en kennis van het dagelijks leven in om mensen te helpen.

Ik heb groot respect voor khali Ibrahim, maar ik ben ook bang voor hem. Zijn ethische en religieuze eisen zijn zo hoog; ik heb altijd het gevoel dat ik er niet aan kan tippen. Oom Ibrahim mijdt op zijn beurt ook diepere gesprekken met mij. Het lijkt wel of hij me niet in verlegenheid wil brengen. Hij respecteert mijn manier van leven, maar ik weet zeker dat hij als trouwe moslim in het diepst van zijn hart niet kan accepteren dat ik zo ver van mijn vaderland en mijn godsdienst verwijderd ben. Waarschijnlijk bidt oom Ibrahim voor mijn ziel, die hij als verloren beschouwt. In elk geval heb ik soms zelfs in het verre Duitsland het gevoel dat er een zeldzame kracht in mij huist die mijn hart raakt. Behalve oom Ibrahim ken ik niemand die voldoende religieuze reinheid bezit om dit te kunnen bereiken.

Deze zomer lieten we E-Dirh links liggen en bleven we op de weg in het dal die zich op een gegeven moment splitst in een karrenspoor naar zee en een karrenspoor over een uitgedroogde beekbedding dat uiteindelijk in Igraar uitkomt. Michael zat achter het stuur van onze volgepakte Peugeot en had zichtbaar plezier in het rijden. Hij reed zo hard dat een enorme stofwolk achter ons de zinderende zon verduisterde en er een fijn okergeel stof op de planten langs de weg neerdaalde. Het stof kwam ook door elke kier de auto binnen en bedekte alles met een krijtachtig laagje dat in je ogen brandde en je lippen uitdroogde.

Voor je Igraar binnenrijdt, kom je langs de plaatselijke troosteloze begraafplaats. Het is eigenlijk meer een steenachtige woestenij. En dan zie je achter de cactussen de lemen muren van de eerste boerderijtjes van Igraar al. Het eerste huisje aan de rechterkant is van mijn tante Khadija: een energieke, zeer gedisciplineerde dame die zo proper is dat je er van de – betonnen – vloer zou kunnen eten. De dikke muren van de boerderij zijn van leem, dat om een geraamte van takken geplakt zit. Het huis heeft geen enkel raam. Je kunt alleen naar binnen door een zware houten deur met ijzeren beslag die geopend kan worden met een enorme sleutel.

Vanuit de patio kom je uit op drie slaapkamers en de woonkamer. Bovendien is er een keuken met een koelkast en een gasfornuis en een bakhuisje om brood te bakken. In een donkere hoekruimte dient een gat in de vloer als toilet.

De patio zelf is groot en zonnig. In het midden staan planten in troggen. Tante Khadija geeft ze elke dag water dat ze met een emmer uit een onder het huis liggende cisterne haalt. In de cisterne wordt regenwater opgevangen. In heel Igraar is geen stromend water, er is maar één kraan en die bevindt zich voor de dorpsschool. Niemand weet precies waar het water vandaan komt dat de kraan af en toe uitspuugt.

Het dak van tante Khadija's huis is plat en van leem. Er staat een enorme satellietschotel op die mijn neef Isam onder gunstige omstandigheden en met behulp van een afstandsbediening piepend zo kan draaien dat er opeens een Duitse zender op het met kanten kleedjes versierde televisietoestel verschijnt. De kleedjes worden er overigens alleen afgehaald als er bezoek komt. Om de satellietschotel heen liggen arganvruchten te drogen. Als ze lang genoeg zijn gedroogd wordt er arganolie van geperst, een kostbaar goedje. Dat doet tante Khadija met een oude stenen molen die achter de deur van haar huis staat. Altijd als we in Marokko zijn, gaan we een paar dagen bij tante Khadija logeren. En daar moesten de kinderen de eerste keer even aan wennen.

'Waar moeten we douchen, pap?' vroegen Michaels kinderen.

'In de kamer met het gat in de grond.'

'Op het toilet?'

'Het is geen toilet, het is een badkamer.'

'En hoe krijgen we water?'

'Dat schep ik uit de cisterne en dan gooi ik het over jullie hoofden.'

'Vet cool,' vonden de kinderen.

De kinderen wenden snel aan alles, aan de ezel achter het huis en aan de geiten, de vier schapen en aan *amlou* bij het ontbijt. Dat laatste vonden ze heerlijk. Het is een mengsel van arganolie, gemalen noten en honing. Tante Khadija maakt er vers plat brood bij in een koekenpan. En als je heel vroeg opstaat, krijg je bij mijn tante graansoep, een soep van meel, heet water, zout en kummel die vlak na het *al-fajr*, het ochtendgebed, wordt gemaakt, voor men het land op gaat. Helaas slaag ik er bijna nooit in een bordje van tante Khadija's soep te bemachtigen, omdat ik niet zo'n vroege vogel ben. Ik ben gek op de hete soep. Hij smaakt heel natuurlijk, een beetje naar aarde.

We waren in Igraar om de kleuterschool een financiële injectie te geven. De plaatselijke kleuterschool bestond uit één grote kale ruimte waarin een kleuterjuf en minstens dertig kinderen hun best deden aan een paar schamele stoelen en tafels. Verder was er niets: geen papier, geen potloden, geen speelgoed, geen kleuren, kortom, niets wat je in een kleuterschool zou verwachten.

Omdat ik zelf kleuterjuf ben, vond ik het belangrijk hier verandering in te brengen. Dus had ik contact opgenomen met de vereniging in Igraar die zich met de verbetering van het onderwijs bezighield, in de persoon van Chafik. Hij beloofde een vergadering te organiseren met alle mensen uit het dorp. We wilden de mensen ervan overtuigen met vereende kracht de kleuterschool te renoveren. Tränenmond e. V. zou het materiaal betalen. De hele actie zou duizend euro kosten. Voor dat geld zouden er mooie tekeningen op de muren komen, elektriciteit en een toilet worden geïnstalleerd en tekenmateriaal, schriftjes en speelgoed worden gekocht.

Toen we tante Khadija's huis verlieten en langs de moskee naar het pleintje voor de kleuterschool liepen, waren de stoffige wegen al vol met mensen. Het hele dorp was op de been. Kinderen gluurden vanachter huismuren naar ons en de mannen zaten op hun hurken in hun djellaba's langs de kant van de weg. Alleen vrouwen zag je niet.

In de kleuterschool zaten alleen maar oude mannen, de belangrijkste mannen van het dorp. Mijn zusje Asia en ik waren de enige vrouwen. Ik had Asia gevraagd om mee te komen, omdat zij haar jeugd in Igraar had doorgebracht. Samen met Ouafa had ze na de dood van moeder bij tante Khadija gewoond. Ouafa had later zelfs nog een aantal jaar les in lezen en schrijven aan de dorpsbewoners gegeven. Iedereen kende Asia dus. Bovendien sprak ze perfect het plaatselijke dialect en daar had ik moeite mee. De mannen in Igraar spraken grotendeels geen Marokkaans, maar Tashelhiyt. Het geroezemoes verstomde toen Asia en ik binnenkwamen. Ongeveer dertig paar ogen keken ons aan.

'Jemig, moet je zien hoe ze me aankijken,' fluisterde ik Asia toe.

'Cool blijven, zus,' fluisterde Asia terug. 'Het komt allemaal goed.'

'Waarom zijn er geen vrouwen?'

Asia grinnikte. 'Hallo, zeg. We zijn hier wel op het platteland, hoor!'

Opeens werden de mannen afgeleid omdat Michael binnenkwam. Europeanen in een kleuterschool in Igraar zijn nog absurder dan vreemde vrouwen.

'Salaam aleikum,' zei ik. 'Jullie kennen me waarschijnlijk niet meer, maar ik ben Ouarda, de zus van Asia…'

De mannen knikten terughoudend en keken me sceptisch aan. Spijkerbroek, geen hoofddoek, voor zulke vrouwen is men in Igraar op zijn hoede.

Ik stelde Michael voor en alle ogen richtten zich op hem. Tot nu toe had niemand het aangedurfd Michael recht aan te kijken, want dat hoort niet. En Michael was een sensatie: een meter negentig lang, blank, kaal. Bovendien een man die zich op de achtergrond houdt terwijl zijn vrouw in het spotlicht toespraken houdt. Dat is zo ongeveer het meest exotische wat je in een afgelegen dorp aan de rand van de Sahara kan gebeuren. Veel van de mensen hier zijn nog nooit verder gekomen dan het twaalf kilometer verderop liggende Tiznit. En ook daar zie je nauwelijks westerse toeristen.

Asia nam het woord. Geroutineerd, alsof ze dagelijks toespraken hield voor mannen die van hun leven nog nooit langer dan twee minuten naar een vrouw hadden geluisterd, vertelde ze waar Tränenmond e.V. voor stond en wat we voor Igraar wilden doen.

De mannen waren nog niet overtuigd. Met mooie praatjes kan iedereen wel komen. En dan ook nog een vrouw! Of nee: twee vrouwen! De mannen vonden het allemaal maar verdacht. Maar toen ik tienduizend dirham in de lucht hield – dat is ongeveer duizend euro – en zei: 'Dit is een donatie uit Duitsland voor de kleuterschool,' sloeg de stemming om. De mannen merkten dat we echt iets voor het dorp wilden doen. Maar het wantrouwen was nog niet helemaal weg. Dat iemand helpt zonder er zelf beter van te worden gebeurde niet vaak.

'Wat wil je zus?' vroeg iemand later aan Asia. 'Wil ze een baantje in de politiek? Wil ze onze stem?'

Inmiddels weet iedereen dat ik niet op zoek ben naar een politieke functie in Igraar, maar dat ik me verbonden voel met het dorp waar ik zulke prettige jeugdherinneringen aan heb en dat een belangrijke rol in mijn leven speelt. Maar op dat moment voelde ik de terughoudendheid overduidelijk.

'Ik geef deze tienduizend dirham aan mijn zusje,' zei ik. 'Zij zal alles regelen. Ik woon namelijk in Duitsland en ik moet binnenkort terug.'

Asia de opdracht te geven het project in Igraar af te wikkelen, was een bewuste keuze. Tienduizend dirham is in Marokko heel veel geld. Oude mensen op het platteland rekenen zo'n som geld nog steeds om in centimes en één miljoen centimes: dat is een onvoorstelbaar bedrag. En dat in de handen van een jonge vrouw en niet in die van een ervaren oude man: dat was voor de mannen in het dorp heel ongewoon. Maar ik wilde ermee bereiken dat hun houding tegenover vrouwen veranderde. Natuurlijk was Asia in staat dit project te leiden en het geld te beheren. Ze is ondernemer en leidt in Agadir een eigen school waar meisjes leren naaien en vreemde talen spreken. Alles wat ze aanpakt doet ze professioneel en snel. Zonder haar zou het nooit mogelijk zijn geweest het geld van Tränenmond zo snel en effectief in te zetten.

Tegen het einde van de vergadering waren de mannen kennelijk aan ons gewend geraakt. Ze stelden opeens vragen en stonden op om te applaudisseren. Daarna kwamen ze allemaal naar voren. Een oude man zonder tanden was bijzonder hartelijk.

'Ken je me nog?' vroeg hij.

Spijtig schudde ik mijn hoofd terwijl hij mijn arm als een pompzwengel op en neer zwaaide.

'Ik ben het, je oom! Ik heb jullie op mijn rug hierheen gedragen!'

En toen schoot het me weer te binnen. Het ging over de tijd vlak na de dood van mijn moeder, toen familieleden ons over de ooms en tantes verdeelden. Mijn oudere zus Jamila, destijds tien jaar, was met mijn zusjes Ouafa en Asia naar mijn oma gestuurd. Maar die wilde Ouafa en Asia niet voor langere tijd bij zich in huis nemen omdat ze bang was dat mijn vader uit de gevangenis zou worden ontslagen en haar dan zou komen opzoeken. Jamila smeekte: 'Alsjeblieft, *jeddah*, hou de kleintjes bij je. Ze mogen niet terug naar die vreselijke tante in Agadir. Mij kun je wegsturen. Ik ben al groot.'

Maar oma's angst was te groot. 'Het gaat niet,' zei ze, 'moge Allah me vergeven.'

Dus ging Jamila met mijn twee kleine zusjes in de zomerhitte op weg naar Igraar, naar tante Khadija en oom Mohammed, om te proberen of ze daar konden blijven. Ouafa was toen vijf, Asia drie.

Oom Mohammed was veel ouder dan tante Khadija. Hij had in Frankrijk gewerkt en was pas na zijn pensionering teruggekeerd naar het land van zijn voorvaderen. Hij trouwde met Khadija, de zus van mijn moeder. Oom Mohammed was een grote man die altijd een hoed ophad en een broek met bretels droeg. Ik kan me niet herinneren hem ooit zonder sigaar te hebben gezien. Ik vond dat hij op een cowboy leek. Alleen de revolver ontbrak. In plaats daarvan droeg hij altijd een *jenoui* bij zich, een scherpe Marokkaanse machete waar het gras mee wordt gemaaid, takken mee worden gesnoeid en slangen mee worden gedood. Ik vond oom Mohammed de coolste man van Marokko. Hij stierf aan longkanker. Lang voor zijn dood had de kanker al gaten in zijn gezicht gevreten. Toch rookte oom Mohammed door. De rook kwam dan door de gaten in zijn gezicht naar buiten. Dat vond ik fascinerend en verontrustend tegelijk.

Op weg naar oom Mohammed en tante Khadija kwamen Jamila en mijn zusjes destijds de man tegen die nu voor me stond. Hij had de twee kleintjes op zijn rug genomen om ze naar Igraar te dragen. Ik was er niet bij geweest toen, maar de man dacht dat hij me herkend had. Waarschijnlijk verwarde hij me met Ouafa.

Oom en tante waren destijds bereid geweest Ouafa en Asia op te nemen. Jamila had terug gemoeten naar Agadir.

De renovatie van de kleuterschool begon al snel nadat wij uit Marokko waren vertrokken. Het hele dorp hielp. Het duurde maar even of de muren van de ooit kale ruimte waren prachtig gekleurd met behulp van het geld van Tränenmond e.V. Kunstenaars uit het dorp tekenden prachtige pedagogisch verantwoorde figuren op de achterwand. Een elektricien bracht leidingen aan en draaide lampjes in en een loodgieter zorgde voor een eenvoudig toilet. Mannen die regelmatig in de stad kwamen zorgden voor speelgoed, potloden en papier en toen ik een jaar later terugkwam, zag het er allemaal stukken beter uit. Dit project was geslaagd, nu het volgende. Dat had te maken met de school in Igraar.

Igraar is een heel arm, vergeten dorp. Er wonen hier ongeveer honderd families. Er is geen gemeentehuis en geen dokter. Er zijn drie kruidenierswinkeltjes, een moskee, een graanmolen, een basisschool met zes klassen en een kleuterschool. Behalve de kleuterschool, is ook de basisschool er slecht aan toe. Om onverklaarbare redenen staat het schoolgebouw in een wadi, een rivierdal. Dat is het grootste deel van het jaar geen probleem, maar één tot twee keer per jaar komt het water na regenval vanuit de bergen naar beneden zetten en dat kan snel en hard gaan.

Meestal regent het pas als imams en gelovigen het *salaat al-istisqa* , regengebed, soera 2 *Al Baqara*, De Koe, vers 60 uitspreken:

'En toen Mozes om water voor zijn volk bad, zeiden wij: "Sla op de rots met uw stok." Er ontsprongen twaalf bronnen, waardoor elke stam zijn drinkplaats kende. Eet en drinkt van wat Allah jullie heeft gegeven en sticht geen onheil op aarde.'

Om dit in principe vrij onschuldige vers te laten werken, moet aan nogal wat eisen worden voldaan. Voor de *moëddzin* tot dit gebed oproept, moeten de gelovigen drie dagen vasten, geld geven aan de armen en hun oudste kleren uit de kast halen. Die moeten tijdens het gebed worden gedragen, nadat men Allah vele malen om vergiffenis heeft gevraagd. In de stal en op het land moeten de jonge dieren worden gescheiden van het moederdier. Bovendien mogen er geen ongelovigen aan het gebed deelnemen. Er wordt drie dagen gebeden en dan begint het te regenen.

Soms komt er te veel water naar beneden. Onlangs nog moest de vn ingrijpen omdat in ons buurland Mauritanië de imams en gelovigen in een droge periode op verzoek van de president zo intensief aan het bidden waren geslagen dat er hele landstreken overstroomden en vijftienduizend mensen dakloos werden.

Ook in Igraar zijn regengebeden niet geheel zonder risico. De boeren hebben regen nodig, maar de onderwijzers en leerlingen zijn er bang voor. Bij sterke regen verandert de wadi plotseling in een gevaarlijk stromende rivier, waarbij elke keer een stuk school of in elk geval een stuk schoolplein in de kolken verdwijnt. Dat is dus een probleem

Een ander probleem is de middelbare school. Er is er eentje in Aglou en eentje in Tiznit, beide op twaalf kilometer afstand. In Igraar zijn slechts drie families in het bezit van een auto, de meeste mensen zouden al blij zijn als ze geld genoeg hadden voor een ezel. Daarom moeten de kinderen die naar de middelbare school willen elke dag twaalf kilometer heen en terug lopen. Tenzij ze monsieur Autobus, een in de regio bekende chauffeur, met zijn Volkswagenbusje inhuren. Maar daar moet voor worden betaald.

Het derde probleem is het slechte zicht van veel kinderen in Igraar, waardoor ze onder andere niet kunnen zien wat er op het bord wordt geschreven.

Sinds de mensen in Igraar op de hoogte zijn van het bestaan van Tränenmond e.V. wordt mijn zusje Asia bestookt met vragen om hulp. Zo ook in het bovenstaande geval.

Op een dag belde ze me op: 'Ouarda, de kinderen kunnen niet goed zien.'

'Welke kinderen?'

'Die uit Igraar. De ouders hebben me gevraagd of jij kunt helpen.'

'Om hoeveel kinderen gaat het?'

'Om allemaal.'

'Allemaal?'

'Bijna allemaal. De onderwijzers zijn ervan overtuigd dat het klopt. Niemand weet waarom.'

'Wat gaat het kosten?'

'Ik heb al geïnformeerd,' zei Asia. Natuurlijk, ik had niet anders verwacht. 'We hebben dertig kinderen bij wie het vermoeden bestaat dat ze slecht zien. Het gaat om kinderen op de kleuter- en op de basisschool. Als we met ze naar de oogarts gaan, kost het vermoedelijk niet meer dan vijfduizend dirham. Daar komen de kosten voor een bril dan nog bij, maar die zijn niet duur hier, dus in totaal kost het denk ik niet meer dan tienduizend dirham.'

Tienduizend dirham, duizend euro, dat kon de stichting wel betalen.

Twee dagen later huurde Asia een kleine auto. Samen met een vriend met een Renault Espace, ging ze op pad naar Igraar om de dertig kinderen naar een oogarts in Tiznit te brengen. Ze moesten er een paar keer voor op en neer.

De oogarts was de enige in de regio. Het was een jonge dokter die in Frankrijk had gestudeerd. Hij had een moderne praktijk, waar die ochtend om acht uur al veel mensen in de wachtkamer zaten te wachten. Daar kwamen opeens dertig kinderen zonder afspraak bij. De oogarts vroeg de overige patiënten om 's middags terug te komen, wat iedereen zonder morren deed. Nu had de oogarts tijd om alle kinderen te onderzoeken, wat de verdere ochtend in beslag nam.

De meeste kinderen waren bijziend en hadden een bril nodig. Een paar kinderen waren allergisch, of voor het fijne stof uit de Sahara of omdat het water uit de cisterne bij hun ouders niet meer schoon was. Er waren ook kinderen bij die een gerstekorrel hadden.

De dokter druppelde, smeerde zalfjes en bepaalde de brilsterkte met zijn moderne apparatuur. De kinderen waren erg onder de indruk en kregen na hun bezoek aan de oogarts van opwinding zo'n honger dat Asia besloot ze mee te nemen naar een restaurant om tajine te eten.

Toen ik een paar maanden later naar Igraar kwam, zat het schooltje vol brilletjes. Negentien paar ogen keken stralend van achter hun ziekenfondsbrilletjes vandaan. Ze hadden iets voor me ingestudeerd. Op het schoolplein zongen ze, onder begeleiding van hun onderwijzers, liedjes in het Tashelhiyt. Dat was, toen ik nog naar school ging, verboden geweest, maar inmiddels mogen de basisscholen in het Berbergebied zelfs in het Tashelhiyt onderwijzen. Er is ook een Koran in het traditionele dialect van onze voorvaderen gepubliceerd. In elk geval kende ik de liedjes dus niet op deze manier, maar het was zo mooi dat ik er tranen van in mijn ogen kreeg.

De Berbers zijn een oeroude stam uit het Oosten. Al in 950 voor Christus zaten er Berberse farao's op de troon van de tweeëntwintigste dynastie in Egypte. Later trok de stam van de Nijl langs de Middellandse Zee tot aan de Atlantische Oceaan. Berberkoningen beheersten het gebied van de tegenwoordige staten Libië, Tunesië, Algerije, Marokko en Mauritanië, het zogenaamde *Maghreb al arabi*, de landen van de Maghreb. In de vijfde eeuw na Christus mengden de Berbers zich met de Germaanse Vandalen, die met tachtigduizend families Noord-Afrika binnenvielen. Tot op de dag van vandaag kom je onder de Berbers blond haar en blauwe, of groene ogen tegen. Pas vele eeuwen later delfden de Berbers het onderspit tegen de uit het Oosten komende Arabieren die de Berberse cultuur onderdrukten. Vandaag de dag zijn er nog zo'n 23 miljoen Berbers, van wie meer dan de helft in Marokko woont. Veel van mijn broeders en zusters noemen zich Amazigh, vrije mensen. Onze oude cultuur beleeft mede dankzij hen momenteel een opleving. Op internet kun je Berberliedjes vinden, een Berberwoordenboek en lijsten met beroemde Berbers, van de Romeinse keizer Macrinus, de beroemdste geschiedschrijver uit de middeleeuwen, Ibn Khaldoun, tot Zinedine Zidane, de wereldberoemde voetballer. Zijn ouders zijn Algerijnse Berbers.

Ik vind het altijd erg prettig om met de mensen uit Igraar samen te werken. Ze zijn een trots, maar bescheiden volk en ze tonen enorm veel inzet als ze iets voor hun gemeenschap kunnen doen. Ik heb besloten de mensen in Igraar te ondersteunen bij de verbetering van het onderwijs. Tränenmond is niet groot genoeg om iets te doen tegen de armoede in het algemeen, of om elk huishouden van het dorp te voorzien van stromend water, maar we kunnen samen wel iets doen om de toekomst en de kansen van de kinderen uit Igraar te verbeteren. Hoewel het eenvoudige mensen zijn, willen de inwoners van Igraar graag dat hun kinderen kunnen studeren, naar het buitenland gaan en met geld en kennis terugkeren naar hun vaderland. Ik ben bereid ze daarbij te helpen.

De terugreis naar Duitsland na mijn vakantie met het gezin in 2004 was anders dan de keren ervoor. Net als altijd steeg het vliegtuig op vanaf de luchthaven Al Massira en net als altijd vlogen we over de buitenwijken van Agadir en de begraafplaats waar mijn moeder begraven ligt. Daarna kwam de steile helling in zicht, waar de ruïnes van de ooit machtige burcht aan vastgeklampt zitten en ik zag weer het parool van mijn land in de enorme, verlichte letters op de rots: Allah, Al Watan, Al Malik. Aan de linkerkant lagen de prachtige duinen en de rotskust tussen Agadir en het vissersstadje Essaouira. Ik verliet mijn oude vaderland opnieuw. Langzaam verdween het achter me in de duisternis.

Ik ging dieper in mijn stoel zitten. Voor het eerst voelde ik een enorme rust over me neerdalen. Ik had me met Marokko verzoend. Ik kon weer van mijn land, het mooiste land ter wereld, houden. En ik verheugde me op mijn nieuwe vaderland, op Duitsland. Ik kon het aan om in twee werelden te leven. En ik voelde geen wrok meer, tegen niets en niemand. Eindelijk was ik van mijn verleden bevrijd. Ik huilde en lachte tegelijk en legde mijn hoofd op Michaels schouder. In de rij voor ons hoorde ik de kinderen vrolijk babbelen. Ik was gelukkig.

De aankomst in München was als altijd. Elke keer dat ik er na lange tijd terugkom, ben ik ontroerd door de schoonheid van deze stad. Maar ik wilde in de nabije toekomst toch iets veranderen. Ik wilde mijn opleiding voltooien en ik wilde werken. En ik wilde nog een kind. Het was niet zo dat Michael en ik niets voor ons pensioen hadden gedaan, we hadden samen vier kinderen, maar ik verlangde naar een kind van ons samen. Volgens mij was mijn man het daarmee eens.

Een baan vinden bleek niet moeilijk, ook niet in deeltijd. In verband met Samuel wilde ik maar drie dagen per week werken. Toen ik langs een van de mooiste kleuterscholen in München fietste, die in een klein park achter de universiteit gehuisvest is in een naoorlogse barak van twijfelachtige bouwkundige allure, had ik het gevoel te worden getroffen door een golf positieve energie. De kinderen stoeiden buiten of klommen in een boomhuis naast de barak en de leidsters hadden onderling veel plezier. Het was een plaatje. Elk moment kon Pippi Langkous naar buiten komen, of een jongen van De wilde bende.

Ik sprak een van de kleuterleidsters aan, een vrouw met halflang rood haar.

'Bent u misschien op zoek naar een collega?'

De vrouw keek me aan en lachte. 'Hoe weet je dat?'

Ik wist helemaal niets. Het was een gok geweest. Ik wist ook niet dat er in een kleuterschool als deze, die door ouders in het leven was geroepen, altijd wordt getutoyeerd.

'Kom vanmiddag langs, om vier uur, dan hebben we toevallig een rondje sollicitatiegesprekken.'

Het rondje sollicitatiegesprekken werd geleid door de vrouw met het rode haar, die de plaatsvervangend directeur bleek te zijn, en haar baas, een dunne vrouw met vrolijke ogen en een grappig Münchens dialect. Behalve ik waren er nog zes sollicitanten, onder wie een dierverzorgster die hier per abuis door het arbeidsbureau naartoe was gestuurd. Kennelijk vond men bij het arbeidsbureau dat er geen groot verschil bestond tussen het verzorgen van kinderen en dieren.

Al snel bleek dat ik de favoriet was bij de twee leidsters en kreeg ik de baan. Een volle baan! Gelukkig was Michael bereid om gedeeltelijk voor de kinderen te zorgen als ik moest werken. Als freelancer kon dat.

Ik had plezier in mijn baan. De kinderen vonden me aardig,

de ouders en collega's vonden me aardig en ik vond hen ook aardig. Het werk was leuk, omdat de kinderen zich in deze vrije en toch geborgen sfeer van de bijzondere kleuterschool positief konden ontwikkelen.

Er was ooit één wanklank en die werd veroorzaakt door een collega. Ik had me persoonlijk erg voor de man ingezet voordat hij werd aangenomen. Door de gebeurtenissen rond zijn persoon begon ik erg aan mijn mensenkennis te twijfelen en aan het beoordelingsvermogen van de ambtenaren op het arbeidsbureau.

De collega over wie ik het heb was al een dagje ouder. Hij had een donkere huid en een aanstekelijke lach. Hij was heel muzikaal en zong in een gospelkoor. Ik was weg van de man. Wat mij betrof had hij de juiste kwaliteiten voor een baan als kleuterleider. Ik twijfelde er geen moment aan.

Toen de collega een halfjaar bij ons werkte, kwam er op een dag een jongeman binnen. Hij wilde met de leiding spreken.

'Sorry, maar ik heb hier net een donkere man naar binnen zien gaan. Werkt hij hier?'

'Ja, hij is een van onze kleuterleiders.'

'Daar was ik al bang voor,' zei de jongeman. 'Hij was ooit de vriend van mijn moeder. En in die tijd heeft hij me seksueel misbruikt. Hij heeft ervoor gevangengezeten. Ik vond dat u het moest weten.'

We waren perplex. Nader onderzoek bracht aan het licht dat de informatie van de jongeman klopte. Het arbeidsbureau beweerde niets te hebben geweten van het verleden van onze collega. Ze verscholen zich achter de regel dat iemand in Duitsland altijd het recht heeft met een schone lei te beginnen als de straf is uitgezeten. En dat geldt voor elk beroep!

Vooral dat laatste vind ik belachelijk. Het Duitse arbeidsbureau stuurt ons een kleuterleider op het dak die kinderen heeft misbruikt. Het kan toch niet zo zijn dat de dader beter beschermd wordt dan zijn mogelijke slachtoffers? Niemand had ons gewaarschuwd als niet een van zijn vroegere slachtoffers de man had herkend.

Ik word nog steeds duizelig als ik eraan denk wat er met onze kinderen had kunnen gebeuren. En ik vraag me nog steeds af waarom ik niets heb gevoeld. Kun je een pedofiel niet herkennen, zelfs niet als moeder? Ik dacht dat moeders een zesde zintuig hebben als er gevaar dreigt voor hun kinderen. Als dat niet klopt, is dat geen rustgevende gedachte, vind ik.

De kleuterschool kon de man ontslaan, omdat hij nog in de proeftijd zat. Na intensieve psychologische gesprekken met de kinderen bleek dat er niets verwerpelijks was gebeurd. Maar vanaf dat moment heerste er wel wantrouwen en dat was nooit zo geweest.

Na twee jaar kleuterschool nam ik ontslag. Niet omdat ik het werk niet meer leuk vond, maar omdat ik zwanger wilde worden. Dat lukte en inmiddels is mijn jongste zoon geboren. Ik ben thuis bevallen en tijdens die bevalling gebeurde er iets vreemds. Ik verloor opeens al mijn kracht. De weeën zetten niet door en de baarmoedermond ging niet verder open. Ik was apathisch en nauwelijks aanspreekbaar. Het was alsof het de boze geesten uit Marokko toch was gelukt de Middellandse Zee over te steken en bezit van me te nemen. Wilden de djinns me eraan herinneren waar ik vandaan kwam?

'Wat is er?' vroeg de verloskundige.

'Ik weet het niet.'

'Je weet het wel. Je weet wat hier gebeurt.'

Ik kon geen antwoord geven, maar de verloskundige had gelijk. Ik was weer het kleine meisje van vroeger. Ik had het contact met de buitenwereld afgebroken omdat de pijn van de weeën onverdraaglijk was, net als de pijn die ik als klein meisje had moeten doorstaan. En als klein meisje was ik, als ik het gevoel had dat ik de pijn niet meer aankon, gevlucht naar een andere wereld. Ik had een techniek ontwikkeld waarmee ik me uit deze wereld kon terugtrekken als de pijn te groot werd. En dat deed ik nu ook. Ik bevond me in een toestand dichter bij de dood dan bij het leven. Ik voelde de donkere last van het verleden op mijn schouders en ik was niet in staat leven te geven zolang de adem van de dood om me heen te voelen was. Ik zag het brandende lijk van mijn moeder op het dak van ons huis. Ik zag de jenoui in de hand van mijn vader. Ik zag het van haat vertrokken gezicht van mijn tante als ze met haar scherpe nagels de binnenkant van mijn bovenbenen openkrabde. Ik zag het bloed op mijn huid en ik voelde de honger vanbinnen. En toen klonk de stem van de verloskundige.

'Ouarda! Ik wil dat je denkt aan alle sterke vrouwen in je leven, alle vrouwen die je kracht gaven als je dacht dat je niet meer kon!'

En opeens verdween de grimas van de djinn en herkende ik mijn zusjes. Ik herkende Beate von Stebut, die me op mijn weg in Duitsland altijd liefdevol terzijde had gestaan en ik voelde Maria de Lourdes, die mijn hand vasthield. Ik zag mijn vriendin, de fotografe Bethel Fath, die bescheiden en altijd trouw in mijn buurt was. Bethel is de enthousiaste fotografe met wie ik meermaals naar Marokko reisde om het werk van Tränenmond te documenteren. Ze heeft de zeldzame gave er op de belangrijke momenten te zijn, zonder opdringerig te worden. En ik kreeg mijn kracht terug. Twee uur later was mijn zoontje geboren. Ik noemde hem Yiliyen, zo heette een machtige Egyptische Berberkoning uit de oudheid. En ik noemde hem Sharif, omdat hij, net als mijn grootmoeder, mijn moeder en ik, in directe lijn afstamt van de profeet.

DE WOEDE KEERT TERUG

Omdat ik last had van een gespannen nek en schouders, kreeg ik onlangs bezoek van een Braziliaanse kennis die heel goed kan masseren. Ik lag in het bed waarin mijn zoontje was geboren. Yiliyen lag naast me. Er brandde een kaars, het licht was gedempt, er klonk ontspannende muziek en er lag wat Marokkaanse wierook op een stukje houtskool te gloeien.

De Braziliaanse begon onder in de rug met haar behandeling. Langzaam kneedde ze mijn rug met haar handen richting schouders. Toen ze mijn nek had bereikt, veranderde er iets. Ik had het gevoel dat haar vingers gloeiden. De hitte drong diep door mijn huid mijn lichaam binnen. Het was fascinerend en verontrustend tegelijk. Opeens hield de Braziliaanse op met masseren. Ze sprong overeind en riep: 'Je moet het goedmaken met je broer!' Daarna pakte ze haar spullen bij elkaar. Ze wilde weggaan. Haar handen trilden.

'Mijn broer?' zei ik. 'Wacht eens even… Wat weet jij van mijn broer?'

'Ik weet niets van je broer,' zei de Braziliaanse, 'maar ik zie iets. Ik zie een man die je broer is en hij vervloekt je. En ik zie een man die je vader is en die je niet los kunt laten. En ik zie jou en de donkere schaduwen op je ziel. Ik wil er niets mee te maken hebben, maar mijn raad is: verzoen je met je broer en laat je vader los.' De Braziliaanse ging. Ik hoorde hoe de deur in het slot viel. Ik bleef alleen achter met mijn baby en vreselijke pijn in mijn nek.

Ik vroeg me af hoe de Braziliaanse af wist van mijn verleden.

Ik had haar nooit iets verteld. Ze kende mijn levensverhaal niet. Ze moest dus iets gevoeld hebben, iets wat ik al heel lang verdrong en wat te groot en te pijnlijk was. Het liet me vanaf dat moment niet meer los en ik was bang dat ik de feiten onder ogen moest zien.

Eigenlijk was alles heel duidelijk en gecompliceerd tegelijk. Mijn familie en ik waren uit elkaar gegroeid. Ik was naar Europa gegaan en een vrije denker geworden. Mijn broer en zusjes werden steeds religieuzer en intoleranter. Mijn broer Jaber, volgens de islamitische traditie als enige man het hoofd van onze familie, had me verstoten en vervloekt. Ik heb daar lang niet over willen praten, maar nu klonken zijn verbitterde woorden weer in mijn oor: 'Je bent mijn zus niet meer. Je hebt de familie verraden met je boek. En je hebt Allah verraden door die man van je. Hij is een ongelovige en jij bent een afvallige, een verstotene.'

Ik had dat aanvankelijk niet zo serieus genomen, vooral omdat mijn jongere zusjes Asia en Ouafa aan mijn kant stonden. Maar van Rabiaa vervreemd ik ook steeds meer. Ze stuurde me regelmatig mailtjes over de islam en ik voelde dat ze er problemen mee had dat ik 'van het rechte pad' was geweken. Rabiaa bad voor me, net als mijn zusje Jamila in Parijs dat doet.

Toen ik bij Jamila in Parijs was, zei ze: 'Weet je wat een vriendin van me heeft gedaan? Ze heeft na twaalf jaar huwelijk haar man verlaten.'

'Waarom?' vroeg ik.

'Omdat hij een ongelovige is, een christen.'

'En daarom verlaat ze hem?'

'Ja. Het ging gewoon niet meer. Mijn vriendin voelde dat het niet goed was. Ze vroeg religieuze experts op internet om advies en die zeiden dat ze haar man voor het blok moest zetten.'

'Ja, ik voel het al aankomen, dat blok: tot de islam overgaan of ik verlaat je,' zei ik bitter. Jamila vertelde me dit verhaal niet zomaar. Ze durfde het niet recht in mijn gezicht te zeggen dat ik Michael voor dezelfde keuze moest stellen, dus had ze deze omweg gekozen.

'Klopt,' zei mijn zus, 'ze heeft hem voor het blok gezet.'

'Maar je vriendin heeft toch kinderen. Denk je dat Allah wil dat er een gezin uit elkaar valt, alleen maar omdat de een in plaats van Allah, God tegen zijn god zegt?'

Jamila was kwaad. 'Dat is toch niet hetzelfde! Allah is de enige ware God. Zondig niet!'

Ik voelde dat we het niet eens zouden worden. Ik dacht aan mijn man, die zich open en geïnteresseerd met de islam bezighield. Ik dacht aan de capucijnermonnik pater Siegfried van de grote oude kerk bij ons in de buurt, die mijn stiefkinderen had gedoopt en ze de eerste heilige communie had afgenomen en die mij met open armen had ontvangen. En plotseling vond ik de bekrompenheid van mijn familie armzalig en gevaarlijk. Wat is dat voor een god die families kapotmaakt om zijn wetten te doen gelden? Op wat voor god beroepen zich al die terroristen en zelfmoordterroristen? Wat is dat voor religie die mensen oproept tot intolerantie en geweld?

Ik hou van mijn religie en de Koran betekent veel voor me. Maar ik word kwaad als ik hoor en zie hoe boosaardig en hatelijk andersdenkenden worden veroordeeld. In mijn vriendenkring bevinden zich moslims, joden, christenen en mensen van wie ik niet eens weet of en waarin ze geloven. Ik heb homoseksuele vrienden en ik praat net zo lief met een katholieke priester als met een imam. En ik accepteer niet dat vrienden of familie van mij geen vrienden of familie van mij mogen zijn omdat ze anders denken!

Het ergste vind ik dat ik hier met mijn broer en zussen niet over kan praten. Ze zouden geschokt zijn en een slecht geweten hebben. Als ze wisten hoe open en vrij ik in Duitsland omga met andersdenkenden, zouden ze wanhopig en bang zijn. Ze vinden nu al dat ik een verloren ziel ben. Ik ben bang dat ze alle hoop verliezen als ze wisten hoe vrij ik hier leef.

Tot nu toe heb ik het thema intolerantie in de islam nauwelijks hardop durven uitspreken. In elk geval niet onder andere moslims, want het is inderdaad zo dat dit thema voor veel moslims taboe is. Zo intolerant zijn ze. Maar sinds het voorval tijdens de massage, ben ik meer woedend dan bang. Ik heb er geen zin meer in me voortdurend onder druk te laten zetten. Ik ben niet ontevreden en ik ben niet ongelukkig. Ik zit er niet op te wachten dat mijn man tot de islam overgaat en ik zou al helemaal niet willen dat hij het voor mij doet. Ik wil niet meer horen dat christenen, joden en alle mensen die de islamitische geloofsbekentenis niet hebben afgelegd, onrein zijn. En ik ben ervan overtuigd dat Allah van mij houdt, ook al ben ik niet met een moslim getrouwd.

Toen Jamila naar München kwam, had ze problemen met de boeddhabeeldjes bij ons thuis, die Michael ooit van zijn reizen mee had genomen. Ze dekte de beeldjes af met keukenpapier om Allah een plezier te doen. En ze ijsbeerde met een mooie uitgave van de koran, die ik uit Marokko had meegenomen, door onze woning tot ze er een plekje voor vond waar hij erg goed opviel. Gelukkig vond ze de bijbel niet. Die staat bij ons namelijk ook gewoon in de kast. Ze had zich er alleen maar weer over opgewonden.

Wat een bekrompen houding, zeg! Dat heeft toch niets met vrijheid te maken! Ik geloof dat onze wereld er beter aan toe zou zijn zonder religieus fanatisme. Veel van de vreselijke dingen die er in mijn leven zijn gebeurd, werden volgens mij veroorzaakt door intolerantie, angst en bekrompenheid. Ik heb besloten mijn pijnlijke verleden achter me te laten en ik wil vechten voor mijn nieuwe leven, wat de islam daar ook van vindt, of mijn broer, of mijn familie in Marokko. Ik ben er sterk genoeg voor. Ik heb ook geen pijn meer in mijn nek. Laat de toekomst maar komen!

Het spoor van mijn tranen loopt van Marokko naar Duitsland en terug. Ik heb geprobeerd in dit boek het spoor op te tekenen. Mijn verslag baseert zich op herinneringen en aantekeningen. Voor zover mogelijk, heb ik geprobeerd feiten en gebeurtenissen door middel van gesprekken en documentatie te checken, maar mijn verslag blijft een persoonlijke interpretatie. Als ik iets verkeerd heb ingeschat of als mijn herinneringen niet helemaal kloppen, draag ik daarvoor de verantwoordelijkheid.

Dit boek verschilt in belangrijke mate van mijn eerste boek. *Dochter van Agadir* was een heel emotioneel boek. Het kwam recht uit het verwonde hart van het kind dat ik was. Dit boek is een volwassen boek. Ik beschrijf erin hoe ik volwassen ben geworden. Ik wil niet zeggen dat het niet emotioneel is, maar ik heb geprobeerd te reflecteren en de dingen een plek te geven.

Veel namen in dit boek zijn veranderd en wel om verschillende redenen. Ik heb namen van mensen uit Marokko veranderd omdat ik niet wil dat ze worden beoordeeld op wat ze vroeger hebben gedaan. Misschien hebben ze hun leven inmiddels wel gebeterd. Ook de namen van de kinderen en vrouwen uit het blijf-van-mijn-lijfhuis in Agadir en München zijn gewijzigd om ze te beschermen tegen verder leed.

Zoals altijd hebben veel mensen ertoe bijgedragen dat dit boek mogelijk werd. Een aantal van hen wil ik hier persoonlijk noemen. Op de eerste plaats mijn bijzondere en wijze zusje Asia in Agadir. Ik heb haar ontelbare keren gebeld om dingetjes te verifiëren of om haar te vragen iets voor me te onderzoeken. Ook madame Edbouche is in haar drukke bestaan door mij bestookt met mailtjes, faxen en bezoekjes. Ze heeft het allemaal stoïcijns over zich heen laten komen. In Duitsland ben ik erg geholpen door Beate von Stebut, die ervoor heeft gezorgd dat ik ben wie ik nu ben. En natuurlijk heeft mijn man, Michael Kneissler, me enorm ondersteund. Hij corrigeerde mijn Duits. En dan heb ik het nog niet gehad over de kinderen, die me vele uren moesten missen omdat ik weer 'aan dat boek' aan het schrijven was.

Als u een van de projecten wilt ondersteunen die ik in dit boek genoemd heb, verwelkomen wij u graag op onze website www.traenenmond.de voor nadere informatie. Met uw geld kunnen we ervoor zorgen dat de dingen in Marokko beter worden. En het hoeft niet veel te zijn: met weinig geld kunnen we in Marokko veel bewerkstelligen.

abd	dienaar
ahadith	islamitische overleveringen over doen en laten van de profeet
alaq	iets wat vast zit
aleikum salaam	islamitische begroeting; 'vrede zij met u'
al-hamdoe li-ilahi	'geloofd zij Allah'
Allah'oe akbar	'Allah is groot'
Allah yeh'fad	'God bewaar me'
Amazigh	Berberstam uit de Sous; letterlijk: 'vrije mannen'; meervoud van Imazighen
Amir al-Moe'minin	Prins der Gelovigen; titel van de Marokkaanse koning als religieus leider
amlou	pasta van arganolie, noten en honing
argan	amandelboom, *Argania Spinosa*; van de vruchten wordt een kostbare olie gemaakt. De boom komt sinds tachtig miljoen jaar uitsluitend in het zuiden van Marokko voor
ashadoe-ana la ilaha illallah	'ik getuig dat er geen God is behalve God'
Asuawit	nomadenstam uit Mauritanië
bislama	'tot ziens'
boebi	hond
darbo-sji-faal	letterlijk: 'willen jullie je lot zien'; waarzegsters en engelmaaksters
Darija	Marokkaans dialect
dhoel hijja	twaalfde maand van de islamitische kalender

dirham	Marokkaanse munteenheid: tien dirham is ongeveer één euro
djinn	geest, zowel kwade als goede; meervoud: djinns
doe'a	islamitische smeekbede
el r'hyba	Marokkaanse koekjes
fitra	natuurlijke aanleg voor het besef van goed en kwaad
gafla	karavaan
hadji	pelgrim; eretitel voor pelgrims die zijn teruggekeerd uit Mekka
hamam	stoombad
haram	zonde
harames	een kind van de zonde
Hassania	Arabisch dialect, gesproken door de Asuawit
imam	gebedsvoorganger in de moskee
Imazighen	Berber uit de Sous; letterlijk: 'vrije man', zie ook Amazighen
insjallah	'als Allah het wil'
jeddah	oma
jenoui	machete
kaab el ghzal	halvemaanvormige gevulde gazellehoorntjes
kashba	burcht
k'chef	register met officieel toegestane namen
khali	oom van moederskant
khalti	tante
la	nee
lala	'mijn heerseres'; hoffelijke aanspreekvorm voor onbekende vrouwen
l'moesiba l'khla	de donkere catastrofe
l'qoerein	kalfsschenkel
Marrakeshje	vrouw uit Marrakesh
moëddzin	gebedsoproeper en -voorganger
mudgha	embryo

oe'Allah	'in de naam van Allah'
oemrah	kleine pelgrimstocht naar Mekka
petite bonne	meisje dat als dienstmeisje wordt gehouden, slavin
Rifyin	Berber uit het Rifgebergte in het noorden van Marokko
roeh	geest
safarians	Marokkanen die in het buitenland wonen
Saharoui	man uit de woestijn
salaam aleikum	islamitische begroeting; 'vrede zij met u'
salaat	gebed
sayed	heer
sidi, si	heer
sjahaada	*āsh'hadoe ān lāilaha illā-llah, āsh'hadoe ānna mūhammadār rasoeloe-llah* – 'er is geen God dan God en Mohammed is zijn profeet'; islamitische geloofsbekentenis, magische spreuk
sjawwal	tiende maand op de islamitische kalender
sherif, sherifa	wijze heelmeester(es), heilige (m/v), wordt vaak beschouwd als directe afstammeling van Mohammed en vormt de schakel tussen God en mens
Sjliha	kleine Berberse
shokran	'dank je'
s'hour	magie, Marokkaanse voodoo
silat ar-rahim	islamitische plicht om een goede relatie met de familie te onderhouden
soek	markt
soenna	de manier van de profeet, verzameling overleveringen
soera	hoofdstuk van de Koran
Sousyin	Berber uit de Sous in Zuid-Marokko
tahara	rituele reinheid

tajine	traditioneel Marokkaans eenpansgerecht, dat oorspronkelijk in een aardewerken pan met deksel op houtskool werd bereid
talba	groep gelovige mannen die uit de Koran reciteren
talib	leraar van een Koranschool
Tashelhiyt	Berberdialect, taal der Amazigh
Tasuk'hit	'donkere vrouw' in het Tashelhiyt
Tath'boust	'dikke vrouw' in het Tashelhiyt
Terre des Hommes	internationale kinderhulporganisatie
wadi	rivierdal
ya'rabbi	'God verhoor me'

STAMBOOM VAN DE FAMILIE SAILLO

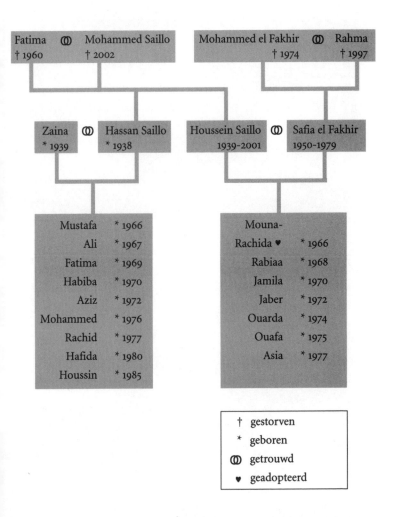

Fatima † 1960	⦿	Mohammed Saillo † 2002

Mohammed el Fakhir	⦿	Rahma
† 1974		† 1997

Zaina * 1939	⦿	Hassan Saillo * 1938

Houssein Saillo 1939-2001	⦿	Safia el Fakhir 1950-1979

Mustafa	* 1966
Ali	* 1967
Fatima	* 1969
Habiba	* 1970
Aziz	* 1972
Mohammed	* 1976
Rachid	* 1977
Hafida	* 1980
Houssin	* 1985

Mouna-Rachida ♥	* 1966
Rabiaa	* 1968
Jamila	* 1970
Jaber	* 1972
Ouarda	* 1974
Ouafa	* 1975
Asia	* 1977

†	gestorven
*	geboren
⦿	getrouwd
♥	geadopteerd

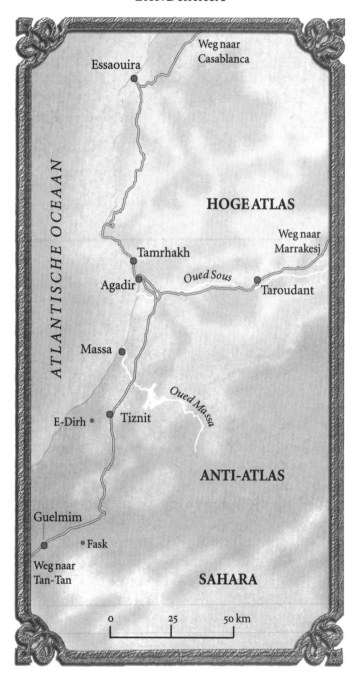